종결자 그리스도

_레슬리 뉴비긴

The Finality of Christ
by Newbigin, Lesslie

Original English Edition
copyright © 1969 by Margaret Beetham.
Previously published by SCM, 1969.
This limited edition licensed by special permission of
Wipf and Stock Publishers (www.wipfandstock.com)
through arrangement of rMaeng2, Seoul, Republic of Korea.
All rights reserved.
This Korean translation edition © 2016 by 100 Publishing House,
Goyang-si, Gyeonggi-do, Republic of Korea.

이 한국어판의 저작권은 알맹2 에이전시를 통하여
Wipf and Stock Publishers와 독점 계약한 도서출판100에 있습니다.
신 저작권법에 의하여 한국 내에서 보호받는 저작물이므로
무단 전재와 무단 복제를 금합니다.

_차례

머리말 005
Preface

01 서문 009
Introduction

02 여러 종교 중 기독교 023
Christianity among the Religions

03 세속적인 소식으로서의 복음 049
The Gospel as a Secular Announcement

04 역사의 실마리 069
The Clue to History

05 개종 093
Conversion

주, 참고문헌 122

찾아보기 124

내비게이션 125

[일러두기]

* 'conversion'은 문맥에 따라 '개종' 또는 '회심'으로 번역하였습니다.
* 원서에 기울임체로 강조되어 있는 부분은 굵은씨체로 강조하였습니다.
* 이 책에서 성경을 인용한 경우 성경전서 개역개정판을 기본으로 하되 필요에 따라 약간 수정하거나 성경전서 새번역을 사용하였습니다.
* 04장 역사의 실마리의 원서 번호 체계는 1, 2, 4, 5이며, 3은 편집자가 임의로 삽입한 것임을 밝힙니다.
* 각 장 안에 있는 소제목은 편집자가 독자의 편의를 위하여 추가한 것입니다.
* 내비게이션(이 책 마지막 부분)은 책 읽기에 도움을 드리기 위해 한국어판에 추가한 부분입니다. 저자가 쓴 내용이 아님을 염두에 두고 참고하시기 바랍니다.

머리말

여기 제시하는 내용은 원래 1966년 4월 예일대학교 신학대학Yale University Divinity School의 지원을 받아 라이먼 비처 강좌Lyman Beecher Lectures에서 발표했던 것입니다. 그리고 케임브리지대학 신학부Divinity Faculty of Cambridge University의 후원을 받아 제임스 레이드 강좌James Reid Lectures에서 약간 정정하여 다시 발표하였습니다. 그 후 다소 수정하여 이제 책으로 내놓습니다. 이 강좌를 하도록 저를 청해주신 분들과 강연에서 아주 친절하게 후대해주신 분들께 깊은 감사를 드립니다. 세람포르대학교Serampore College의 사무엘V. C. Samuel 박사님과 하버드대학교 세계종교연구소Havard University Centre for the Study of World Religions의 존 카맨John B. Carman 박사님은 친절히 초고를 읽고 예리하고 면밀한 비평을 해주셨습니다. 저는 최종 원고에 두 분의 통찰이 조금 구현되길 원했습니다. 하지만 논증에 남아있는 약점들은 저의 책임입니다.

마지막 장은 폴 로플러Paul Löefler 박사님 덕분에 깊이 고민하기 시작한 것들에 바탕을 두고 있습니다. 로플러 박사님은 세계교회협의회World Council of Churches의 세계선교 및 복음화 분과Division of World Mission and Evangelism에서 제가 대표를 맡고 있을 때 이 분과를 위한 회심에 대한 성경연구 시리즈를 주도하셨던 분입니다. 이 신선하고 명쾌한 연구는 많은 토론의 길을 열어 주었으며, 제 논증의 이 마지막 장은 로플러 박사님께 크게 빚지고 있습니다.

저는 글래디스 매더Gladys Mather 양에게 감사드려야 합니다. 매더 양은 아주 친절하고 유능하게 알아보기 힘든 제 원고 더미를 인쇄할 수 있도록 깔끔한 타자 원고로 만들어 주었습니다.

스터더트 케네디Studdert Kennedy는 진정한 생각은 모두 마음 속 고뇌의 결과로부터 생겨난다고 말하곤 했습니다. 이 작은 책은 마음 속 고뇌로부터 나왔습니다. 그 고뇌는 선교사의 경험에 확실히 필요한 부분입니다. 선교사가 자신이 하고 있는 일의 정당성에 대해 별다른 의문이 없어서 골칫거리가 없다고 느낄 때도 많이 있겠지만, 그러나 오늘날 그렇게 마음의 평정을 되찾으려면 귀를 막고 눈을 감아야 할 것입니다. 자신의 특정 종교적 신념을 선전하는 행위는 이 위축되는 세상에 사는 우리의 실제적 요구에 부합하지 않다는 게 세계 전역의 교육 받은 지성인들 사이의 통상적인 느낌입니다. 선교사는 과거의 산물입니다. 그럼에도 불구하고 자신이 믿는 바를 전파하고자 하는 갈망이 없는 신앙은 이미 그 생명을 잃어버린 것이 너무나 분명해 보입니다. 그러므로 기독교 신앙에 대해 유일성과 종결성을 주장해야 할 의무가 지닌 의미는 선교사에게는 사활이 걸린 문제입니다.

그리스도의 종결성은 역사의 의미와 방향에 대한 그분의 종결성이란 측면에서 이해되어야 한다는 것이 본 강연의 핵심적인 주장입니다. 강연이 끝난 후에 어떤 분이 저에게 몰트만Jürgen Moltmann의 책 『희망의 신학Theology of Hope』 한 권을 주셨습니다. 저는 그 책을 보면서, 그 책을 읽기 전에 강연 준비를 맡지 않게끔 하시는 하나님의 섭리가 있었더라면 좋았을 텐데 했습니다. 만약 이 책을 강연 준비 전에 읽었더라면, 강연의 논증 전체가 헤아릴 수 없을 만큼 탄탄해졌을 것입니다.

그러나 지금 그러기에는 이미 늦었습니다. 그리고 그 책은 그 책대로의 역할을 할 것입니다. 이 책에 새로운 것이 없다 하더라도, 오늘날의 세계를 사는 기독교 신자들에게 단연코 정말 중심적인 문제와 씨름하는데 있어 몇몇의 독자들에게라도 도움이 되길 바랄 뿐입니다.

1968년 12월 8일 마드라스에서
레슬리 뉴비긴

01 서문

종결성이란 표현을 쓰기 어렵게 만드는 몇 가지 이유

20세기 후반에 사는 우리가 예수 그리스도께 대해 '종결성'이란 단어를 사용할 수 있을까요? 확실히, 종결성이란 말을 쓰기 어렵게 만드는 많은 이유가 있습니다. 그 중 몇몇 이유를 상기하는 것으로 이야기를 시작한다면, 이 논의를 소개하는데 도움이 될 것입니다.

1. 가장 먼저, 과학이 우리에게 불러일으킨, 광대한 시간과 공간에 대한 압도적인 인상을 들어 보겠습니다. 한때 이 세계는 온 창조 세계의 중심으로 생각되었습니다. 그러나 지구는 이제 우주 속 아주 극미한 먼지 알갱이의 하나로 보입니다. 우주의 끝은 상상할 수도 없을 만큼 멀리 떨어져 있고, 우주 속에는 끝없이 움직이고 있는 수십억 개의 행성들이 있습니다. 우리가 인류 역사라 하는 모든 것은 이래 봐야 수백만 년을 흘러온 우주 역사에 비교하면 찰나에 지나지 않습니다. 이 구석진 행성의 구석진 곳에서 몇 세기 전에 일어난 무언가에 대해 '종결성'이란 말을 사용하는 것이 얼마나 터무니없으며, 얼마나 오만한 일입니까. 확실히 이런 생각은 우리를 둘러싸고 있는 우주의 규모에 대해 알지 못했던 옛 시대의 유물에 불과합니다.

2. 두 번째로, 과학적 방법에 대한 우리의 헌신을 들 수 있습니다.

과학적 방법에서 잠정적인 결론은 모두 그것으로 끝이 아니라, 차후 연구를 위한 출발점이 됩니다. 어느 과학자가 자신의 '결론'에 '종결성'이란 말을 감히 사용한다면, 그는 동료들 사이에서 웃음거리가 될 것입니다. 종결성에 대한 이런 발상은 현대 지식인으로서 사고해야 하는 우리들에게 그저 이질적인 것입니다.

3. 셋째로, 기독교가 발생하고 자라난 세계와 우리 사이에는 역사 과학의 발전이 자리 잡고 있습니다. 우리는 역사학적 방식으로 생각하도록 교육받아 왔습니다. 이런 방식은 성경을 기록한 사람들 및 옛 기독교 저술가들에게는 굉장히 낯선 것입니다. 현대의 초창기에, 우리는 모든 인간의 삶과 사상체가 그것이 발생하고 상호 공유하며 형성된 특정 시대의 산물임을 인지하도록 배웠습니다. 이는 시대적 배경과 무관하게 이해될 수 없으며, 그 가치는 그 배경과의 관련성을 봐야지만 알 수 있습니다. 시대적 배경을 간과할 수 없을 만큼 역사학이 많이 발전하였습니다. 시대적 배경과 관련하여 보는 것은 일반 역사에서 만큼이나 성경에 기록된 내용에서도 마찬가지로 적용됩니다. 이를 부정하는 것은 성육신의 완전한 실재를 부인하는 것입니다. 이를 받아들이는 것은 철두철미한 해석 과정 없이는 성경의 종결성 개념을 20세기의 언어로 쉽게 옮길 수 없음을 인정하는 것입니다.

4. 넷째로, 세계 종교 연구의 어마어마한 발전을 지적해야 할 것입니다. 이러한 연구는 기독교인들의 신조와 관행들이 다른 종교들과 셀 수도 없을 만큼 많은 유사점이 있다는 것을 보여주었습니다. 기독

교는 전적으로 독특한sui generis 종교가 아니라 인간의 여러 종교계열 중 하나입니다. 이 여러 종교들 중 기독교가 최고의 우위와 최종적인 위치에 있다고 주장할 수 있을지라도, 힌두교도나 불교도, 무슬림의 관점에서도 역시 동일하게 그들의 믿음이 최종적인 것이라고 주장할 수 있다는 것을 단번에 알 수 있습니다.

기독교인들은 이러한 가능성을 초기에는 자각하지 못했습니다. 왜냐하면 기독교인들은 다른 종교를 신봉하는 사람들과 대등하게 어울려 있지 않았기 때문입니다. 그러나 오늘날에는 지구촌 문명의 진전으로 이런 상황이 바뀌었습니다. 기독교인들은 힌두교도, 무슬림, 불교도 및 다른 여러 사람들과 종교적 신념을 고려하지 않으면서도 공통적으로 추구하는 일반적인 인간 문화들에 속해 있습니다. 대다수의 사람들은 여전히 전근대적인 사회 속에 살고 있고, 천 년 전 조상들만큼이나 옛 성스러운 문화 속에서 끼어 살고 있다는 것은 사실이고 또한 중요합니다. 그럼에도 불구하고 우리가 사는 현대 세계의 지배적인 문화는 세계화된 문화입니다. 여러 종교들 가운데 특정 종교가 종결성을 주장한다면 정말 거북하고 명백히 교양 없어 보입니다.

5. 마지막으로, 많이 알려져 있지 않지만 제가 볼 때 이 논의에서 매우 중요한 요소가 있습니다. 저는 서구인의 극심한 양심의 가책이라 불려야 하는 무언가를 언급하고자 합니다. 이것은 현대 세계에서 가장 중요한 것이지만, 가장 도외시된 사실이기도 합니다. 이것은 이제까지 알려진 것보다 더 연구될 가치가 있습니다. 그리고 우리가 다루는 주제에 있어 매우 중요합니다. 왜냐하면 예수 그리스도의 종결

성에 대한 논의는 서구 기독교인들의 오만에 대한 감정적 언쟁들로 인해 자주 혼동되기 때문입니다. 기독교가 서구 백인들 사이에서 권력과 영향력의 중심부를 차지한 이래로, 이 부분은 우리가 다루는 문제의 배경을 요약함에 있어 간과할 수 없는 부분입니다.

현대 서구인들이 양심의 가책을 가질만한 타당한 이유가 분명히 있습니다. 반식민주의에 대한 논쟁들에 과장이나 왜곡이 있더라도 최근 수세기간 서구 백인들이 저지른 대량학살, 식민지에서의 대규모 착취, 아편전쟁, 노예 무역, 인종 차별, 인종 차별 정책, 민간인들에 대해 대량살상무기를 사용했던 일에 대한 죄책감은 여전히 사실입니다. 양심의 가책에 대한 많은 자료가 있습니다.

그러나 양심의 가책을 안고 있는 서구 백인들이 여전히 세계에서 지배적인 역할을 하고 있다는 사실 때문에 더욱 괴로운 상황입니다. 서구인들은 '개발'이라고 이름하는 (이렇게 부르는 것이 정당하든 그렇지 않든) 과정에서 리더 역할을 합니다. 이른바 현대 세계에서 '개발'이라 하는 것은 서구 백인들이 움직이는 방향으로의 변화입니다. 그래서 여전히 서구 백인들이 지도자적 역할을 할 수 밖에 없습니다. 그래서 서구 백인들은 변두리로 물러날 수 없으며 양심의 가책을 가지고 있음에도 맘대로 없는 척 할 수 없습니다.

이런 어려운 상황에서 전형적인 (적어도 아시아에 있는) 서구인들은 자신들의 도덕이나 종교가 우월하다고 주장하는 어떤 암시조차 떨쳐버리기 위해 애를 써야한다는 압박을 느낍니다. 설사 스스로를 행동하는 기독교인이라 여기는 사람조차도, 그 사실에 대한 어떤 공공연한 증거도 회피하는 것이 현명하다고 be advised 느낍니다. 그는 자신이 더 나은 삶의 길을 제시하는 사도가 아니라, 약간의 노하우가 있는 그저 기술고문technical adviser이라는 것을 분명히 하고자 합니다.

우리가 알고자 하는 이런 국면의 간격을 나타내기 위해 동인도회사의 영국은행이사회Honourable Court of Directors가 1798년 5월 25일(날짜에 주목해야 합니다.) 마드라스Madras에서 중개업자들에게 쓴 편지를 인용하고자 합니다. 이 편지는 지금은 조지타운Georgetown의 세인트 마크 교회St Mark's church가 된 건물에 대해 동인도회사의 관리들이 약간의 미사용 잔금을 사용하기로 한 결정의 의미에 대해 마드라스에서 온 편지입니다. 이 결정에 대해 훈훈하게 찬성한 것이 전해진 후 이사회는 자신들이 바라는 바를 이렇게 표현했습니다. '우리 고위 관리들은 부하들과 다른 사람들에게 안식일 공예배에 정기적으로 참석하는 본을 보였습니다.' 그리고 이렇게 이어갔습니다. '인도인의 정신 보다 우위에 있는 우리 국민성이 얻어낸 지배적 지위를 보존하는 것은 동양에서 우리가 가진 정치권력을 유지하기 위해 늘 중요합니다. 그리고 우리는 대외적 종교 의식에 대한 묵살에 의해서도 아니고, 동양적 관습과 견해에 대한 어떤 동화됨에 의해서도 아니라, 우리 국가의 원칙, 국민성, 관습의 모든 탁월함을 간직함으로써 이 목적이 달성된다고 확신합니다. 최근 유럽에서 일어난 사건들은 현재 시대가 무종교를 허용하거나 장려하는 때가 결코 아님을 보여 줍니다. 우리가 공언하는 종교를 지지하는 것은 우리의 법과 제도를 지지하는 것과 밀접하게 연관되어 있음이 밝혀졌기 때문입니다. 그 외에도 이는 사회에 가장 유익한 영향을 주기 위해 계산된 것들, 즉 평화와 복종시키는 것, 그리고 모든 원칙과 관례들이며, 이러한 것들에 안정감과 행복이

달려 있습니다.'1

이는 현대 서구의 기술고문과는 상당히 거리가 있습니다. 기술고문은 자신의 전통적인 종교가 자신이 태어난 지역의 특별한 점idiosyncrasy보다 뭔가 그 이상이라는 어떤 의견에도 근심스럽게 반대하지만, 기술고문의 방법은 인간의 욕구에 대한 답을 제공함이 확실합니다.

18세기 말 런던 무역상의 이런 오만한 친절로부터 20세기 중엽 평화봉사단Peace Corps 지원자들의 기쁨에 대한 격렬한 열망에까지는 긴 길입니다. 그리고 여기서 연구할 시간이 없습니다. 확실히 한 지방 문화에서 세계문화로 단순히 바뀐 결과 이상입니다. 분명 다른 종교를 신봉하는 사람들 또한 이러한 경험이 있었으나 같은 식으로 반응하지는 않았습니다. 저는 전형적인 서구 백인들이 자신들이 믿는 진리를 지키고자 증언하는 것에 대한 거리낌과 같은 것을 힌두교도들이나 무슬림들에게서는 보지 못했습니다. 아랍인들은 적어도 노예무역에서는 유럽인들만큼이나 무거운 죄책의 짐을 가지고 있습니다. 그러나 현대 아랍 애국주의자들에게는 이에 대한 어떤 양심의 가책의 조짐도 보기 어렵습니다. 틀림없이 유럽인들의 도덕에 대한 양차대전의 엄청난 영향력은 제가 묘사하려는 상황과 큰 관련이 있습니다.

그것 외에도 기독교인들이 다른 신앙과 마주쳤을 때 보이는 아주 기본적인 특징을 인정해야만 합니다. 이는 폴 틸리히Paul Tillich에 의해 주목받고 있습니다. 그 중심에서 십자가를 찾는 신앙 때문에, 타종교와의 만날 때 또한 십자가 안에서 판단하는 성격을 가집니다. 타종교의 대표적인 전형과 처음 만난 기독교인은 그리스도께서 죽으시고 부활하신 것이 과연 참인가 하며 자신이 믿는 기독교를 판단대에 놓습니다. 다른 믿음 앞에서 겸손한 태도를 취하는 확실히 기독교적인 무언가가 있습니다. 그럼에도 불구하고 제가 현대 서구 기독교인의 양심의 가책이라 부르는 것은 이 정도를 넘어서는 것이며, 오늘날 세계에서 그리스도의 종결성에 대해 논의할 때 염두에 두게 되는 중요한 요소 중 하나입니다.

종교적 논의를 하는 관점

기독교 계시에 대해 '종결성'이란 말을 사용하기 어려운 현재 우리 문화적 상황에서 이런 요소들을 염두에 둘 때, 우리는 바로 묻게 됩니다. 우리는 이 질문을 어떤 관점에서부터 제기하기 시작할 수 있습니까? 어떤 질문을 할 때 자신의 입장을 분명히 하는 것은 중요합니다. 특히 이러한 상황에서는요. 종교간 논의에 대한 문헌을 읽을수록, 논거의 마지막이 아니라 시작점에서 진짜 판단은 이미 이루어진다는 사실이 더욱 인상 깊어집니다. 결정적인 질문은 출발점에서의 질문입니다. 자신이 가진 전제들을 알고, 가능한 그것들을 밝히는 것은 매우 중요합니다. 그렇지 않으면 가장 정교한 주장도 아무런 의견의 일치를 이루지 못할 것입니다.

1. 어떤 사람은 종교의 바깥의 견지에서부터 논의를 시작할 수 있습니다. 종교는 여러 심리적 또는 사회적 요소로부터 발생된 것으로 여겨질 수 있습니다. 이런 경우에 다양한 종교들은 연구되고, 분류되고, 식물학자나 곤충학자의 작업처럼 여겨지는 객관적인 비교가 가능할 것입니다. 어떤 종교적 믿음에 대한 헌신 없이, 종교의 바깥에서 모든 종교를 공평하게 바라보는 것입니다. 늘 그런 것은 아니지만 때

때로 이런 생각은 종교는 환상이라는 아주 명백한 이론에 근거합니다. 존오만John Oman은 이러한 이론들을 다음과 같은 세 가지 방식으로 분류합니다.

(1) 헤겔주의적Hegelian 이론은 종교를 과학의 원시적인 모습이나 의인화된 형태로 여깁니다.

(2) 슐라이어마허Schleiermacher식 이론은 종교를 감정의 소산으로 간주합니다. 예를 들면 포이어바흐Feuerbach의 책들처럼요.

(3) 칸트적Kantian 이론에서는 종교를 도덕적 가치와 사회적 가치를 보존하기 위해 발생할 수밖에 없었던 것으로 봅니다. 예를 들면 뒤르켐Durkheim의 작품들처럼요.

이런 모든 방식들에서는 종교를 일종의 환상으로 보는 명시적 이론이 자리 잡고 있습니다. 이러한 관점으로부터 종교는 분류될 수 있고, 비교 가능하며, 기독교의 주장은 특히 그런 것으로 여겨집니다.

2. 그러나 이같이 모든 종교에 대해 공정하게 접근하는 방식은 종교를 판단하는 자신들의 관점이 무엇인지 명확히 밝히지 않는 사람들에게서 종종 발견됩니다. 이런 논의를 할 때면 자주 거론되는 이야기가 있습니다. 바라나시Benares 왕 이야기입니다. 왕은 즐길 생각으로, 궁정에서 6명의 시각장애인 가운데 코끼리 한 마리를 두고 무엇인지 말해보라고 합니다. 코끼리의 코를 만진 시각장애인은 '이것은 밧줄입니다'라고 말했습니다. 그리고 다리를 만진 사람은 '이것은 나무군요'라고 말했습니다. 귀를 만진 사람은 '이것은 키winnowing fan입니다'라고 했습니다. 나머지 사람들도 비슷한 식으로 자신이 느낀 바를 이

야기했습니다.

이 이야기의 의미는 분명합니다. 종교적 논쟁은 코끼리를 만진 시각장애인들 사이에 벌어진 논쟁과 같다는 것입니다. 모든 종교적 관점은 실재를 더듬어 찾는 것에 지나지 않습니다. 어떤 종교도 실재를 총체적으로 파악하지는 못합니다. 현명한 사람이라면 어떤 종교만 옳다고 하지 않을 것입니다.

종종 알려지지 않은 점은 이 이야기는 화자話者가 만든 기이한 stupendous 주장이거나 아니면 완전한 불가지론자의 고백이라는 것입니다. 이 화자는 시각장애인이 아니라 왕의 입장에 있기 때문에, 세계의 종교들이 보지는 못한 채 더듬어 찾고 있는 실재에 대해 화자는 알고 있다는 생각을 함축하고 있습니다. 이러한 경우에, 우리는 화자가 알고 있는 지식을 우리와 공유할 것을 요구해야 하며, 그러한 화자의 주장을 우리가 시험해 보도록 허락해야 합니다. 이런 경우가 아니라면, 여기에는 종교가 더듬어 찾고 있는 실재에 대해 알 수 없다는 완전한 불가지론이 함축되어 있는 것입니다. 이러한 경우에, 화자는 자신의 처신에 대해 살펴보고, 그것이 자신이 분명하게 인정하고 싶지 않은 헌신을 드러내는지 봐야합니다.

3. 세 번째로 가능한 것은 어떤 종교에서부터 출발하는 것입니다. 자신의 종교적 헌신을 분명히 인정함으로 시작하면, 다른 사람들의 종교적 확신 속으로 이해를 가지고 들어가려 할 수 있습니다. 이러한 이해의 실제 깊이는 아주 다양할 것입니다. 문화와 종교의 접촉이 늘어나면서, 더 깊은 이해를 얻으리라 희망할 수 있습니다. 그러나 깊든

얕든 원칙적으로 모든 종교는 다른 종교에 대한 어떤 해석을 구해야 합니다. 만약 그렇게 하지 않으면, 그것은 종교가 인간 존재나 사회에 대한 것으로 정상적으로 이해되는 궁극적인 일관성과 궁극적인 충성의 관점이 될 수 없습니다. 예를 들어, 힌두교는 타종교에 대한 고도로 발달된 해석을 가지고 있으며, 신비체험을 통한 존재의 궁극적 근원과 연합한다는 깨달음의 경험 속으로 인간을 인도할 수 있는 능력에 따라 다른 종교들을 분류하는 것이 명백합니다. 이 지점에서 힌두교는 다른 모든 실제 종교에 있는 본질적인 것과 주변적인 것을 구분하고, 사람에게 모든 존재의 궁극적 근원과의 실제적 연합을 가져다 주는 것과 사람들의 지역적, 문화적, 종족적 측면에서의 독특성에 연관된 것을 구분합니다. 힌두교는 인간의 본성과 자기 존재의 근원의 본성에 대한 그들의 깊은 확신에 따라서 다른 종교들을 이해합니다. 개별적인 이름들과 계시로 주장된 것들은 그 중요성을 잃어버립니다. 본질적인 것은 그들이 예증하거나 가리키는 개개인의 영적 체험입니다. 이러한 힌두교적 관점은 서구 사회에서 아주 일반적인 것이 되었습니다. 자신들이 힌두교인의 관점을 말하고 있다는 사실을 알면 놀랄 사람들 사이에서 조차 아주 일반적이 되었습니다. 타종교와의 조우遭遇에 대한 틸리히 책의 마지막 문단에서 다음과 같은 내용이 두드러진 예로서 인용될 수 있을 것입니다.

> 모든 살아있는 종교의 깊은 곳에는 종교 그 자체가 중요성을 잃어버리는 지점이 존재합니다. 종교를 영적 자유에로 고양하면서, 그리고 그 영적 자유와 함께 인간 존재의 궁극적 의미의 다른 표현에 있는

영적 현존의 비전으로 종교를 고양하면서, 종교가 가리키는 것이 종교의 개별성을 극복합니다.[2]

이런 관점에서 볼 때 나사렛 예수라는 특수한 이름은 사라지며, 그것이 목표하는 지점으로 올라갑니다. 기독교인이 썼음에도 불구하고, 이 글은 개별 종교에 대한 베단타적Vedantic 관점을 정확히 드러냅니다. 이러한 관점에서는 그리스도의 종결성을 말하는 것이 명백히 불가능합니다.[3]

일부 기독교 저술가들은 기독교 신앙에 대한 자신들의 헌신을 인정하면서도, 타종교에 대해 저술할 때는 어떤 신앙을 가진 사람이든 상관없이 모두가 인정할만한 표준적 가치에 기반을 두고 글을 써야할 것처럼 느낍니다. 자신의 신앙적 헌신은 유보한 채 말입니다. 저는 비교 종교에 대한 부케A. C. Bouquet 교수의 뛰어난 책을 예로 언급하고자 합니다. 부케는 다음과 같은 말로 비교 종교에 접근하는 정신을 설명합니다.

> 저술가는 (종교적 발전의) 정점의 본질에 대한 어떤 편향된 주장에도 스스로를 헌신해서는 안 된다.
> 저술가가 의견을 표현하는 것은 부적절한 일이다. ⋯ 다만 독자들이 '자신의 고유한 판단을 형성'할 것이다.
> 이러한 것들 (종교 대한 모든 형태의 마음이 통하고 선입견 없는 연구) 중에, 물리적 세계에 대한 연구로 얻은 주요 결론만큼이나, 결국 필연적으로 만장일치에 가까운 결론이 나올 것입니다.[4]

분명히 이러한 인용문들로 대표되는 접근에는 아주 위대한 진리가 있습니다. 무척이나 많은 편견과 광신으로 인해 종교 간의 관계가 힘들었던 것을 기억할 때, 타종교에 접촉하는 기독교인들은 가능한 최고 수준의 객관성을 추구해야 하며, 다른 신앙의 대표자들이 그들 스스로 말하도록 해 주어야 하며, 가능한 다른 이의 입장에서 생각할 수 있도록 해야 하며, 종교들 사이에 존재하는 모든 공통 토대를 밝혀내고 환영해야 합니다. 그리고 이러한 내용에 조금도 거리낌 없이 동의해야 합니다. 그것을 실제로 달성되기 어렵게 하는 열렬한 선입견에 대항하여, 이러한 것들이 고수되어야 합니다.

그러나 어려운 점은 헌신된 기독교인이 자신의 기독교적 헌신을 버려둔 채 다른 종교에 대한 연구를 시작할 수 없다는 것입니다. 기독교인이 판단을 내리는 기준은, 아무리 스스로에게 객관적이고 편견 없는 것처럼 보일지라도, 필연적으로 자신의 기독교적 헌신에 의해 형성됩니다. 종교가 자신의 궁극적 헌신에 대해 다루는 것이라면, 어떤 종교인도 자신의 종교적 헌신을 초월하는transcend 관점을 가지고 있지 않음을, 또한 타종교의 헌신에 대해 치우침 없이 판단 가능하다는 관점도 가지고 있지 않음을 인정하는 것이 확실히 현명한 길입니다.

게랄더스 반 데르 레우Gerardus van der Leeuw는 자신의 종교현상학에서, 종교 연구에 참여할 수 있는 관점에 대해 아주 명확하게 진술합니다. 레우는 신학에 의해 이루어져야 하는 진리 판단과 종교 현상에 대한 사실을 설명하기 위해 필요한 '전형적인 현상학적 판단 보류intellectual suspense'*를 구분합니다. 그러나 자신의 종교적 확신을 제외

---

* 전제, 가정, 선입견 등의 영향을 받지 않고 무언가를 그 자체로 다루기 위해 판단을 일시 중지하는 것. (편집자주)

한 입장에 서서, 종교현상에 대한 참된 이해를 얻을 수 없다고 강조하였습니다. 이 방면에서 그는 이렇게 기술했습니다. '어떤 "선입견"도 없이 다루는 것은 단지 불가능할 뿐만 아니라 확실히 치명적이다. 왜냐하면 연구자의 인격이 온전히 그의 작업에 참여하는 것을 가로막기 때문이다. … 그것의 가능한 유일한 결과는 선입견 없는 논의뿐이다(그러나 무지하다는 말을 들을 뿐이다). 이 논의는 온통 과학적으로 분명치 않은 종교적 사고방식에 의해 좌우된 것이기에, 모든 비평과 논의에서 면제된다. 이는 '선입견 없는' 연구자들이 서구 유럽 자유주의 기독교로부터, 아니면 계몽주의의 이신론으로부터, 아니면 자연과학의 일원론으로부터 차용해 온 종교 해석을 가지고 자신들의 연구를 시작하는데 대개 익숙하여 별다른 어려움을 감지하지 못하기 때문이다.' 자신의 연구에 필수적인 '현상학적 판단 보류'에 대해서조차 레우는 이렇게 말합니다. '그것은 자기 자신의 경험의 빛 아래에서만 가능하다. 그리고 자신의 종교적 결정으로부터 자유로울 수 없다.'

이러한 논의에 참여하는 기독교인은 자신이 연구하는 입장을 이해하여 명확히 진술해야 합니다. 뿐만 아니라 더욱, 자기 관점의 기저에 있어서 당연스레 여겨지는 감정과 경험들을 살펴야 합니다. 왜냐하면 그것들은 다른 모든 사람들과 공유하는 자신의 인간 본성의 일부이기 때문입니다. 또한 자신이 파악한 기독교의 진리는 연약하며 분명치 않다는 사실을 반성하여 자각해야 합니다. 그리고 타종교인의 생생한 경험을 접한 결과로 자신이 파악한 진리를 수정해야할 수도 있음을 염두에 두어야 합니다. 그러나 연구의 목적 때문에 자신의 정체성을 버려두라는 말이 아니라, 오히려 예수 그리스도께 대한 헌신이 바로 연구에 들어가는 자신의 관점이라는 것입니다.

이어지는 논의는 확실히 이러한 헌신을 기초로 합니다. 그리스도의 종결성을 입증하려고 시도하지는 않을 것입니다. 제가 시도하려는 것은 그리스도의 종결성을 주장하는 것의 의미가 무엇인지 탐구하는 보다 겸손한 작업입니다. 우리는 기독교인들이 이 종결성을 어떻게 해석해 왔는지를 살펴볼 것입니다. 그리고 헌신된 기독교인이라는 한계 안으로부터, 또한 20세기의 기독교인으로서 가능한 방식으로 예수의 종결성에 대한 진술을 표현하고자 할 것입니다.

제가 취하는 관점이 종교들 중 하나 안에 속한 관점인지 여부에 대한 질문은 이 장과 다음 장의 논의에서 중요한 문제입니다. 그리스도가 모든 종교의 마침이 된다는 주장이 가능합니다. 그러므로 이는 종교 외부적 관점의 하나입니다. 틀림없이 이는 기독교라 불리는 것에 대한 부정적 판단의 가능성을 풍깁니다. 우리의 관점은 기독교가 아니라, 예수 그리스도 안에 있는 하나님의 계시입니다. 그러므로 이 관점을 종교 바깥의 관점으로 여기는 것이 가능하며, 복음을 본질적으로 세속 세계를 향한 공표로 보는 것이 가능합니다. 그러나 사실 그리스도의 종결성에 대한 대부분의 논의는 종교들 간의 논의라는 전제 위에서 다뤄집니다. 그리고 이러한 논의의 형태로 시작하겠습니다. 이런 목적으로 저는 1910년 이래로 세계 종교를 향한 기독교 메시지의 관련성이 집중 논의된 세계선교대회World Missionary Conferences에 대한 언급을 주요점으로서 다루겠습니다.

02 여러 종교 중 기독교

에든버러 세계선교대회: 징검다리로서의 타종교

1910년에 열린 에든버러 세계선교대회The World Missionary Conference of Edinburgh 1910(원래 명칭은 '제2회 에큐메니칼 선교대회Second Ecumenical Missionary Conference')는 분명 현대 교회사의 획기적인 사건입니다. 그 중요성을 보여주는 이유 한 가지는 그것이 있기 전 엄청난 사전 노력이 있었기 때문입니다. 다른 분과들과 비슷하게 기독교 메시지에 대한 분과는 타종교의 현재 상황에 대한 정보와 타 종교인에게 복음을 드러내는 선교사들의 경험에 대한 정보를 끌어내고자 하는 세계 곳곳의 선교사들 사이의 광범위한 왕래에 의해 준비되었습니다. 이 분과의 의장은 에버딘Aberdeen의 케언즈D. S. Cairns였습니다. 케언즈는 친한 친구인 마드라스의 호그A. G. Hogg에게 영향을 받아 전체적인 문제를 다루는 방식이 엄청나게 변하였습니다. 제가 여기서 이 이야기를 하는 이유는, 사반세기 후 탐바람Tambaram 대회에서 호그의 사상이 갖는 막대한 중요성 때문입니다.

에든버러 대회는 이 큰 노력의 결과로 결론이 내려졌습니다. 이 결론은 아래 인용문에 잘 드러나 있습니다. 이 인용문은 기독교 메시지에 대한 위원회 보고서의 결론입니다.

우리는 앞서 선교사업의 다섯 가지 대분야로부터 온 증거 전체를 이렇게 살펴보았습니다. 여기서 언급될 저 증거들에는 두 가지 아주 주목할 만한 점이 있습니다. 첫째는, 타종교에 대한 기독교 선교사들의 진실한 태도는 참된 이해이자 할 수 있는 한 최대의 공감이라는 사실상 보편적인 증거입니다. 이런 모든 종교 안에는 공감 가능성이 없는 요소들이 있는 것도 확실히 알려진 사실이고, 또 어떤 종교에는 악이 끔찍하게 있다는 것 또한 명백합니다.

그러나 다음과 같은 점에 동의하는 것보다 중요한 것은 없습니다. 참된 방법은 지식과 자비 같은 것이라는 점, 선교사는 타종교 안에 있는 더 고결한 것들을 찾고, 또한 더 높이 고양되기 위해 이런 고결한 것들을 활용해야 한다는 점, 사실 이 종교들은 모두 예외 없이 기독교만이 만족시켜 줄 수 있는 인간 영혼의 기본적인 욕구들을 들추어 낸다는 점, 그리고 더 높은 형태에서는 **하나님의 영이 하시는 일을 그대로 드러낸다는 점**입니다. 모든 면에서 그저 우상파괴적인 태도는 철저히 어리석고 부당하다고 비난 받습니다.

그러나 이런 모든 것에 대해 관대히 인정하는 것만으로도 이들 종교에서는 참되고 선합니다. 기독교 신앙의 절대성에 대한 일반적이고 단호한 증언은 사라져버립니다.

예수 그리스도는 모든 종교를 성취하시고 폐기하셨다는, 그리고 모든 사람이 그에게 무릎 꿇고 모든 혀가 예수를 주님이시라 고백하며 아버지 하나님께 영광을 돌리는 날이 다가온다는 총체적 증언에 거대한 확신이 생기를 불어 넣습니다. (pp. 267-8)

위의 인용문과 더불어 스피어Robert E. Speer 박사님이 대회 전체의 보고서에 대한 토의를 마치며 했던 연설문도 보아야 합니다. 아래 글은 스피어 박사님의 연설문에서 발췌한 것입니다.

> 우리들 중 누구도 이 모든 진리를 소유하고 있다고 믿지 않습니다. 우리가 진리 전체를 가지고 있다고 믿는다면, 그것은 기독교가 최종적이고 절대적인 종교라는 우리의 확신을 포기하는 것입니다. 긴 인류 공동의 경험 중 작은 한 조각을 가지고, 고작 한 세대의 몇몇 인종에 불과한 우리가 이 무궁한 종교의 모든 진리를 자신의 개인적 이해와 경험 안에 싸잡아 넣는 것이 어떻게 가능하겠습니까? 우리는 진리 전체를 소유하고 있지 않다는 것을 압니다. 우리는 기본적이며 본질적인 신념으로 인해 기독교의 가치를 붙들고 있습니다. 세계의 여러 타종교의 맞은편에 기독교를 둠으로써 또한 우리는 이것을 봅니다. 우리는 우리가 전에 알지 못했던 기독교의 진리들이나 전에 상상하지도 못했던 엄청난 영광의 진리들을 발견합니다. 이러한 비교는 기독교를 빈약하게 만들지 않습니다. 우리가 붙잡고 있는 기독교의 거대한 진리로부터 무언가를 뺀 결과가 아닙니다. 어떤 관점에서 우리의 교훈은 타종교에서 배운 것이 아니지만, 비기독교 문화권의 사람들에게 배웠다는 것은 사실입니다. 그러나 그것들은 인간의 종교적 삶에 대한 장애물인 반면, 어떤 의미에서는 타종교 또한 그들 종교적인 삶의 표출입니다. 그리고 우리 믿음을 그것들 반대편에 놓음으로써 전에 우리의 신앙에 있지 않았던 것을 신앙 속으로 가져와서는 안 됩니다. 그러나 우리가 전에 발견하지 못했던 것이 거기 있음을 알아 차려야 합니다.

위 진술은, 위원회가 기독교에 대해 말할 때 역사 속에서 기독교인 특유의 것이 된 믿음과 관습의 총체로서 기독교를 의미하는 것이 아니라, 오히려 기독교란 우리 스스로도 완전히 파악하지도 따르지도 못한 본질적인 계시를 의미하는 것임을 분명히 했습니다. 거기에 기독교와 복음 사이의 구별점이 있는데, 이는 헨드릭 크래머 Hendrik Kraemer가 나중의 논의에서 아주 탄탄하게 만든 것과 비슷합니다.

에든버러 회의의 입장을 다음의 명제들로 요약하겠습니다.

1. 기독교(위에서 언급한 의미로)는 절대적인 것입니다. 예수 그리스도께서는 모든 다른 종교를 대체하시고 supersede 이루셨다.

2. 우리는 기독교인으로서 타종교에서 더욱 고결한 요소들을 찾고, 타종교의 신자들이 더 높은 것으로 인도될 수 있는 징검다리로 이런 요소들을 사용해야 한다.

3. 모든 종교는 예수 그리스도만이 만족시켜 줄 수 있는 인간 영혼의 욕구를 드러낸다.

4. 타종교의 높은 수준의 형식은 성령의 역사를 드러낸 것이다.

5. 기독교(위 1에서 언급한 의미의 기독교가 아니라 역사에 드러난 실증적 기독교라는 의미로)는 다른 종교적 믿음을 가진 사람과 기독교인들 간의 공감접촉 sympathetic contact을 통하여 얻은 타종교의 귀중한 유산으로 인해 풍성해졌다.

에든버러 대회의 논의에 대한 비평

이러한 명제들을 보면 분명 아래와 같은 문제들이 특히 제기될 것입니다.

1. 예수는 어떤 의미에서 다른 종교까지 성취하셨을까? 이것은 다른 종교에서 드러나기는 했지만 그 종교가 만족시키지 못했던 욕구를 만족시켰다는 것을 의미하는가? 아니면 다른 종교들이 오직 부분적으로 가지고 있었던 것을 어떤 의미에서는 완성했다는 말인가? 타종교에 대한 복음의 관계가 이렇게 말해질 수 있을까? 하나만 예를 들어 보면, 오로빈도는 힌두교가 가진 영광의 하나로, 힌두교는 우주의 선한 법칙만큼이나 악한 법칙(두르가Durgha로 대표되는)에 대해서도 경배할 수 있는 (기독교가 결핍하고 있는) '용기'가 있다고 주장했다. 어떤 의미에서 복음이 이러한 힌두교 신앙에서 완성되지 않은 것을 성취했다고 말해질 수 있는가? 서로 양립할 수 없는 두 믿음 사이에서 선택하는 것보다 더 나은 것은 없을까?

2. 어떤 의미에서 타종교에 있는 고결한 요소들이 기독교 신앙에 이르도록 하는 징검다리로 간주될 수 있을까? 복음을 증언하는 일에 가장 격렬한 적대감을 드러내는 사람들이 정확하게 타종교의 가장 고결한 것을 대변하는 사람들인 경우가 있지 않는가? 예수께서 이 땅에 계실 때 유대교에서 윤리적으로 최고의 요소들을 확실히 보여주었던 바리새인들이 예수를 죽이는 데 앞장섰던 사실이 이에 대한 고전적인 예가 아닌가?

3. 타종교에서 성령께서 활동하시는 것을 어떤 구체적인 방식으로

말할 수 있습니까? 그러한 활동 증거의 목록에 합의하기 위해 어떤 견고한 척도를 마련할 수 있겠습니까?

에딘버그 대회의 결과에 영감을 준 사고방식 중 가장 특징 있고 영향력 있는 예는 파커J. N. Farquhar의 책 『힌두교의 왕관The Crown of Hinduism』입니다. 이 책은 힌두교의 다양한 측면에 대한 매우 호의적이며 학문적인 연구를 주로 담고 있으며, 힌두교에서 가장 높은 차원의 염원들과 목표들 각각을 그리스도께서 성취해 주셨다는 것을 보여주기 위해 쓴 것입니다. 이 책은 힌두교 제도 안에 굳게 자리 잡은 생활 속 악폐들을 거침없이 비난하였습니다. 그러나 논증하기를 '힌두교에서 불결하고, 저하시키며debasing, 가치 없는 관행의 모습으로 나타난 것의 모든 참된 동인動因은 억압받는 사람들, 무지한 사람들, 병든 사람들, 죄 많은 사람들을 위한 일 중 최고의fullest 활동 (그리스도) 안에서 발견합니다. 힌두교에서 비치는 모든 빛줄기가 그분 안에서 초점이 맞춰져 있습니다.'[1]

이 책이 나오자 호그는 이 책을 극찬하였습니다. 그러나 호그의 글은 결국 여기서 사용된 '성취' 개념의 영향력을 약화시키는 강력한 요인 중 하나였습니다.[2] 한참 후에 쓴 글에서 호그는 오랫동안 가르쳤던 내용을 요약하면서 이렇게 썼습니다. '기독교는 힌두교가 **추구**seeking만 하고 있었던 것에 대한 **결과물**finding이라는 이해를 바탕으로 선교적 접근에 대한 공감줄을 찾는 사람들과 저는 생각이 다릅니다. 힌두교인들은 자신들의 신앙에서 추구하는 것에 대해서 아는 만큼 그 추구의 결과에 대해서도 알고 있습니다. 더욱이 힌두교 신앙에서 경험되지 않은 결과들이 기독교에 있다면, 어느 정도는 추구한 것이 다르기 때문이 아닐까요? 루돌프 오토Rudolf Otto가 말했듯이, "인도의 종교는 성경의 종교와는 전적으로 다른 축을 중심으로 돌고 있습니다. 그래서 두 종교는 예비하심과 성취하심으로 여겨질 수 없습니다."

힌두교에 대한 깊고 마음을 기울인sympathetic 지식을 가지고 있었던 호그는 힌두교의 물음과 복음의 대답이 다른 선상에 있다 것을 보여줄 수 있었습니다. 호그는 힌두교와 기독교 사이에 결정적인 분리 지점이 있다고 하였습니다. 예수님은 다른 주장에 의해 타협될 수 없는 절대적인 항복surrender을 요구하십니다. 미완성과 완성이라는 면에서 힌두교와 기독교의 관계를 정의하는 것은 불가능합니다. 한 종교는 다른 종교의 '왕관'이 아닙니다.

예루살렘 세계선교대회: 타종교의 종교적 가치

저는 이제 여러 차례 대대적으로 열린 세계선교대회World Missionary conference 중 1928년 예루살렘에서 열린 두 번째 대회로 넘어가고자 합니다. 에든버러에서는 서구에서 발생한 실증주의가 세계 도처에서 성장하는 것이 약간 주목되었습니다. 이러한 실증주의의 성장에 대항하기 위해서 세계는 인도 관념론idealism의 기여가 필요하다는 제안이 있었습니다. 그러나 이런 문제는 토론의 주변에서만 머물렀습니다.

예수살렘대회에서는 이 문제가 중심에 있었습니다. 지나친 단순화의 위험을 무릅쓴다면, 1928년 회의에서 지배적인 점은 세속주의의 발흥이었고, 이 토론의 목적을 위한 중심 문제는 세속주의 종교를 포함한 비기독교적non-Christian 종교들의 영적 가치를 탐구하는 것이었다고 말할 수 있을 것입니다. 위대한 종교들을 세속주의에 대항하기 위한 전쟁의 동맹으로 여기는 추세가 있었습니다만, 이것이 대회의 최종적인 입장은 아니었습니다. 세속주의는 기독교 선교에서 다뤄야만 하는 것으로서 인간 종교의 하나로 간주되었습니다. 대회의 최종적인 입장은 그 '메시지'에서 발췌한 아래 글에 잘 묘사되어 있습니다.

> 우리는 비기독교인들도 초청합니다. 예수 그리스도 안에서 모든 사람을 비추는 빛이 완전한 광채로 빛나기 때문에, 우리가 예수 그리스도를 모르는 곳에서나 심지어 예수 그리스도를 거부하는 곳에서도 동일한 빛의 줄기를 찾는 것을 생각하면 기쁩니다. 우리는 비기독교인이나 비기독교적 체계 안에 있는 어떤 고결한 특성이든 환영합니다. 그것은 자신의 아들을 세상에 보내신 아버지 하나님께서 그리스도가 증거되지 않은 곳에서도 떠나시지 않으셨다는 증거 이상이기 때문입니다.
>
> 단순히 실례illustration를 들기만 하고 타종교인들에게 그들의 영적 가치를 판단하려 하지 않는다면, 우리가 한 진리one Truth의 일부분으로 인정할 수 있는 것들이 있습니다. 이슬람에서 두드러진 신의 위엄과 이에 따른 예배에서의 경외심, 불교의 중심에 있는 세상의 슬픔에 대한 깊은 연민과 해탈escape의 길에 대한 이기심 없는 탐구, 힌두교에서 현저한 영적인 것으로 생각되는 궁극적 실재와의 접촉에 대한 갈망, 유교에서 가르치는 우주의 도덕적 질서에 대한 신념과 이에 따른 도덕적 행동에 대한 강조, 세속 문명을 대변하지만 예수 그리스도를 주와 구원자로 받아들이지 않는 사람들에게 종종 나타나는 인

간 복지와 진실에 대한 사심 없는 추구. 우리는 이런 것들을 진리의 일부로 인정할 수 있습니다.

예루살렘 대회에 대한 비평

대회의 중심적인 탐구가 비기독교적 체계의 가치들을 향한 것이었다면, 기본적으로 대답되지 않았던 신학적 질문은 다음과 같습니다. 타종교에 있는 종교적 가치들values의 중요성value은 무엇입니까? 동인도의 네덜란드인 선교사 핸드릭 크레머는 이러한 문제제기를 하였습니다. 핸드릭 크레머의 이름은 후에 열린 토론에서 큰 영향력을 미쳤습니다. 예루살렘에서는 그 질문이 제대로 이해되지 못하였습니다. 10년이 지난 후 크래머는 그 질문에 대한 대답을 요구할 기회를 얻었습니다. 잠시 예루살렘대회의 대표적인 주제였던 타종교의 가치에 관한 가장 중요한 질문에 대해 세 가지 논평으로 기술해 보면 도움이 될 것 같습니다.

1. 첫째로는 대륙신학자들의 것으로, 이들은 준비 문서의 신학적 경향을 우려하며, 회의를 위한 그들 자신의 진술을 작성하기 위해 카이로에서 단체로 모였습니다. 이 진술의 핵심은 다음과 같이 요약될 수 있습니다.

(a) 타종교에 영적인 가치가 존재한다는 것을 완전히 인정한다.

(b) 그러나 타종교의 영적 가치들과 기독교를 비교하고 대조하는 것은 우리의 일도 아니며 우리에게 그렇게 할 권한도 없다.

(c) 우리의 일은 예수 그리스도를 통한 구속의 복음을 알리는 것이

며, 또한 타종교에 있는 최고의 가치들에서도 근본적으로 단절하고 그리스도께 전적으로 회심함을 의미하는 이 복음을 받아들이는 것이다.

2. 둘째는 앵글로색슨 식으로 토론에 접근하는 대표적인 유형으로, 윌리엄 템플William Temple 대주교가 대회가 끝난 후 작성한 글에서 가져온 것입니다. 템플 대주교는 대륙 신학자들이 표현한 염려들과 타종교의 가치들을 탐구하는 것에 대해 언급하며, 다음과 같이 썼습니다.

일부에서는 그저 이번 조사에 착수함으로 말미암아 위원회가 일종의 나쁜 혼합주의에 빠지게 되거나, 복음의 유일성을 암암리에 부정하는 방향으로 변질될 것이라는 두려움이 있었습니다. 물론 채택된 방법에 불가피한 위험이 있다는 것을 부인할 수 없습니다. 그러나 종종 그렇듯이 여기서 위험을 회피하는 것은 그저 특정한 재앙을 신중히 선택하여 수용하는 것을 의미할 뿐입니다. 만약 복음과 최선의 상태에 있는 타종교들에 대한 비교를 시작하지 않는다면, 그리스도의 유일성에 대한 주장으로부터 어떻게 입증으로까지 이어갈 수 있겠습니까?

3. 셋째로는 에든버러의 존 맥머리John Macmurray 교수의 논평입니다. 이것이 단지 개인의 의견임에도 제가 이것을 선택한 이유는 후에 있을 논쟁에서 앞으로 주목할 만한 방법을 이 논평이 제시하기 때문입니다. 예루살렘에서 있었던 토론에 대한 맥머리의 논평은 아래와 같이 요약될 수 있을 것입니다.

(a) 기독교와 타종교 사이에는 확실히 공통점들이 있습니다만, 정확히 말하자면 그러한 공통점들은 딱 기독교적인 것이 아니라 그냥 종교적인 것이다. 기독교는 그저 종교에 불과한 것이 아니다.

(b) 종교는 과학적인 사상들과 세속적인 사상들이 부상함으로 인해서 어쨌든 사라지기 마련이다. 타종교의 가치를 찾는 일에 시간을 쓰는 것은 기독교 선교 사업이 아닌 고고학적 추구이다.

(c) 만약 기독교에 다른 종교들과 본질적이고 근본적인 차이가 없다면, 또 만약 기독교는 옳고 다른 종교는 틀렸다는 이치가 없다면, 기독교 선교 사업의 정당성은 거의 없을 것이다.

예루살렘 논쟁은 이후에 있었던 토론 과정의 각도에서 바라볼 때 다음과 같은 논평이 적합할 것입니다.

(a) 크래머가 제기한 문제에 대해서는 아직 한 번도 제대로 답변하지 않았습니다. 기독교인들이 인정할 것으로 여겨지는 타종교 안의 요소들을 묘사하기 위해서 '가치들'이라는 표현을 사용하는 것이 과연 유용한 언어 사용 방식인지 여부는 정말 의심스럽습니다. 그것은 대회를 분열시킨, 그리고 여전히 기독교인들을 갈라놓은 진짜 문제를 드러내는 데 도움이 되지 않았던 것이 분명합니다.

(b) 대륙 신학자들에 대한 템플 대주교의 답변은 논리적으로 압도적이었습니다. 그렇지만 그 답변은 사람들이 회심을 결정해야할 상황에 직면한 세계와는 다른 세계에 속한 일이었습니다. 사실 우리가 이미 가지고 있는 그리스도로부터 나온 판단을 가져오는 과정 없이, '복음과 최선의 상태에 있는 타종교들에 대해 냉철히 비교를 시작'할 수

있는 유리한 관점을 우리가 정말 가지고 있습니까? 합리성과 공정성의 옷을 입은 것이 기만적인 것은 아닙니까? 대륙신학자들이 작성한 내용이 성경의 언어와 또 기독교인이 경험하는 실상과 더 가깝지 않습니까?

(c) 맥머리의 논평은 1928년 이래로 일어난 많은 일들에 대한 예언적인 것이었습니다. 그러나 종교의 종말에 대한 맥머리의 발표는 그때로서는 시기 상조였으며 심지어 지금도 시기상조라 자신 있게 말할 수 있습니다. 서유럽의 문화적 상황 안에서 쓰인 모든 내용에도 불구하고, 저는 종교의 종말은 뻔한 결과라고 결론짓는 것이 현명하지 않다고 생각합니다. 그럼에도 그리스도의 종결성에 대한 물음이 실제로 기독교와 타종교 또는 복음과 타종교의 관계에 대한 문제인지 여부, 또는 그리스도의 종결성이 세속 역사에서 그리스도의 자리에 대한 물음인지 여부를 날카로운 질문으로 제기하였다는 점에서 맥머리의 논평은 큰 가치가 있습니다. 우리는 그 질문으로 돌아가야 합니다. 하지만 그 때에는 사람들이 맥머리의 목소리에 주의를 기울이지 않았습니다.

기독교와 복음 사이의 구분

예루살렘 대회가 있은 후 10년은 '더 넓은 복음화'와 '평신도의 연구'의 시대였습니다. 앵글로색슨 선교사들의 선교 사업에 있어서, 예루살렘에서 대륙 신학자들이 드러낸 우려가 많이 줄어들었습니다. 칼 바르트Karl Barth의 목소리는 앵글로 색슨 선교사들의 사고에 중대한 영향을 미치기 시작하지 못하였습니다. 레이먼Laymen이 쓴 보고서의 출간은 날카로운 논쟁을 불러왔으며, 타종교와의 관계에서 복음의 권위에 대한 문제에 다시 절박하게 직면하도록 만들었습니다. 예루살렘에서 중대한 질문을 던졌던 분은 1938년 세계선교대회를 위한 준비 서적을 쓸 것을 요청받았습니다. 『비기독교 세계에서 기독교의 메시지 The Christian Message in a Non-Christian World』라는 제목의 결과물은 탐바람 대회에서 뿐만 아니라 뒤이은 사반세기 동안의 가장 두드러진 논쟁이 되었습니다.[3]

지나친 단순화의 위험을 감수한다면, 이 획기적인 책의 논지는 다음과 같이 요약될 수 있습니다.

1. 종교의 세계는 커다란 중요성을 가지며, 심오하고 학술적인 이해로 연구된다. 저자가 '크레머 교주 Sheikh Kraemer'로 알려진 데에는 충분한 이유가 있었다.

2. 기독교와 예수 그리스도 안에 있는 하나님의 계시 사이에는 날카로운 구분이 있다. 전자는 종교의 세계에 속하며, 어떠한 절대성이나 종결성도 주장할 수 없습니다.

3. 기독교의 계시는 예수 그리스도 안에서 하나님께서 자신을 드러내신 기록으로서 절대적으로 독특한 sui generis 것이다.

4. 하나님의 계시 행위와 종교적 경험(기독교적인 것이든 비기독교적인 것이든) 사이의 예리한 구분을 만들었다.

기독교와 복음 사이에 만들어진 이 구분은 1910년 에든버러에서 스피어 박사님의 연설에서 덜 정확하게 지적된 내용을 명료하게 해준 중요한 설명입니다. 이는 전체 논쟁에서 매우 중요한 구분이지만, 복음과 기독교의 관계에 대한 좀 어려운 문제들을 남겼습니다. 만약 기독교와 복음이 구별될 수 없다면, 이 둘은 당연히 분리될 수 없습니다. 위에 4번 항목에서 만들어진 구분은 더 심각한 어려움들을 야기했고, 이 어려움들은 탐바람 대회에서 많은 토론의 주제가 되었습니다. 계시와 종교적 경험의 이분법이 어디까지 주장될 수 있는지 다음과 같은 부분이 의심스럽습니다.

(a) 만약 하나님께서 계시하시는 행위가 조금도 이해되지 않고 받아들여지지 않았다면, 어떠한 계시도 없는 것입니다. 그러나 그것이 이해되고 받아들여진다면, 종교적 경험이 있는 것입니다.

(b) 비기독교인을 예로 들어 만약 종교적 경험이 있다면, 이러한 경험에 (크래머가 분명히 그렇듯이) 숭고한 요소들이 있음을 인정한다면, 하나님 쪽에서 어떠한 자기 드러냄도 없었다고 말할 수 있습니까?

(c) 하나님 쪽에서의 자기 드러냄이 있음을 인정해야 한다면, 그리스도 안에 있는 계시의 독특성은 무엇이 됩니까?

크래머와 호그 사이의 논쟁: 계시의 독특성과 종교적 경험의 관계

논의의 이 지점에서 우리는 다시 1910년 에딘버러 대회 준비에서 극히 중요했던 호그의 목소리를 들어야 합니다. 크래머의 논의가 중심이 되었던 탐바람의 논쟁에서, 크래머의 주요 입장에 대해 가장 면밀한 비판을 가한 사람은 호그였습니다. 호그의 주 요점은 다음과 같이 요약될 수 있습니다.

(a) 비기독교적 종교와 비기독교적 신앙 사이의 구분을 반드시 도출해야 한다. 이것은 크래머가 도출한 기독교와 복음 사이의 구별과

유사하다. '비기독교적 종교'에 의해서, 우리는 종교적 현상의 전체 범위를 선과 악에 대한 그들의 모든 혼합물들과 함께 그들 종교가 역사에서 드러낸 것으로 묘사한다. '비기독교적 신앙'에 의해서 우리는 (호그가 믿는 것처럼) 신자와 하나님 사이의 실제적인 교감communion이 있다는 종교의 중심적 경험을 묘사한다.

(b) 이 비기독교인의 신앙은 실제 신적divine 자기 드러냄의 결과이다. 이것은 순전히 신자 안에서 스스로 자아낸 무언가가 아니다. 우리는 비기독교적 경험의 어떤 형태 안에 있는 신자의 정신과 하나님 자신 사이의 진정한 교감을 인정할 의무가 있다.

(c) 이러한 종교적 경험에서 드러난 것은 하나님 자신이지, '종교적 진리의 파편'이 아니다. 하나님의 계시는 하나님 자신의 계시이지, 종교적 진리에 대한 적절한 명제 정도more or less가 아니다.

저에게는 호그의 논증이 이 점에서 명백한plain 대답을 요구하는 것으로 보입니다. 저는 비기독교인의 종교 경험에서 하나님의 자기 드러냄이 진짜 있는가? 하는 물음에 명백한 대답을 해야 한다고 생각합니다. 만약 하나님에 대한 비기독교인의 경험과 예수 그리스도 안에서 주어진 하나님에 대한 경험 사이에 아무런 연속성이 없다면, 우리는 지난 250년간의 모든 성경 번역자들이 틀렸다고 말해야 할 것입니다. 비서구세계의 언어로 성경이 번역되는 곳마다, 하나님에 대해 어떤 단어를 쓸 것인가 하는 결정을 내려야 했습니다. 이런 비서구권 언어에는 모두 번역자들이 선택해야 했던 단어들이 (대개 많은 단어들이) 있습니다. 이런 모든 단어는 순전히 비기독교적 종교 경험으로부터 번역할 내용을 끌어낸 단어입니다. 만약 이러한 경험과 성경이 증언하는 하나님에 대한 경험 사이에 아무런 연속성이 없다면, 명백히 이러한 모든 단어를 사용함에 있어서 번역자들이 잘못한 것입니다. 번역자들은 단어를 발명하거나, 히브리어나 그리스어를 음역音譯; transliterate했어야 할 것입니다. 사실 어디에서도 그렇게 하지 않았습니다. 그리고 저는 그렇게 해야 한다고 생각하는 사람이 있을 것이라고 믿지 않습니다.

크래머가 이점에 대해 숙고한 후에 호그에게 한 답변은 『종교와 기독교적 믿음Religion and the Christian faith』이라는 그의 책에서 다음과 같이 발견됩니다.

> 우리는 호그를 광범위하게 인용해야 한다. 왜냐하면 그의 표현에는 보기 드문, 예컨대 우리의 주제에 대한 아주 오래된 논의에서 거의 나오지 않은 종교적 예민함이 있기 때문이다. 호그는 갈피를 잡기 힘든 이 문제의 복잡성에 대해 매우 밝다. 이는 인도에 대한 다음과 같은 그의 진술에 나타난다.
> '예를 들면, 사람에게 비추이는데 성공한 신적 진리와 실재에 대한 것이 모두, 인도에서는 하나님의 자기 계시의 시작점으로 인해, 그것이 극복해야 하는 일원론적 성향의 매개에 의해서 필연적으로 얼룩졌다.'
> 이 호그의 정확한 관찰은, 이상한 말이지만, 시사하는 바가 많은 중대한 질문임에도 불구하고, 또 그의 답변에 부분적인 진리가 있음에도 불구하고, 이 문제를 다루는 이 고결하고 경건한 시도의 약점을 함축하게 된다. 그가 말한 질문의 대부분은 너무 개인주의적이고 순전히 심리적인 각도에서 나온 것이다. 이러한 심리적 차원에서는 하나님-

체험과 하나님-체험을 비교하는 것 이상을 얻을 수 없기 때문에, 이것은 자신의 역할을 가지고 있지만 또한 분명한 한계도 가지고 있다. 이것을 기반으로 한 호그의 질문들은 귀중하고 가치 있는 질문이다. 하지만 그것들은 최후의 수단으로 진리에 대한 질문을 결정하지 않는다. 우리가 방금 인용한 관찰 역시 옳지만, 충분히 깊게 파고들지 않았다. 호그는 그리스도의 빛 (이는 늘 심판이며 자비이다) 안에서 이 일원론적 성향에 대해 뭐라고 말해야 할지 묻지 않았다. 이 일원론적 성향은 유감스럽게도 부차적인 문제가 아니라, 자부심 즉 (그래서 그들이 느끼기를) 인도의 가장 귀중한 재산이자 가장 가치 있는 성취이다. 호그는 메시야, 하나님 나라, 고난 받는 종, 등이 무엇을 의미하는지 이해하기 위한 백성으로서 다른 어떤 민족도 준비되지 않았지만 그런데도 유대인들이 하나님 그분 자체를 알아보지 못한 것을, 또한 (호그에 따르면 인도적 사고로 훈련되어 있기 때문에 구속하시는 하나님의 영원한 활동에 대한 성경의 이야기를 이해할 능력이 없는) 인도인들만큼이나 유대인들이 위대한 결정으로 그리스도 안에서 스스로 드러내시는 하나님을 거부한 것을 어떻게 설명해야 하는지에 대한 질문을 제기하지 않았다. 그러한 질문들의 빛에서, 정확히 말해 인간 정신의 '최고의' 표현들 속에서 저 불법의 수수께끼가 모습을 드러낸다.[4]

크래머는 호그가 왜 자신의 논증의 이 지점에서 바리새인들의 문제를 고려하지 않았는지를 물으며 타당한 점을 지적했습니다. 어떻게 가장 높고, 가장 고결하며, 가장 윤리적으로 진보된 세계 종교의 대표자들이 예수 안에 있는 하나님의 계시를 거부한 자들입니까? 여기에서 불법의 수수께끼가 드러나는 것은 정말로 맞습니다. 그러나 짐작컨대, 크래머는 바리새인으로 대표되는 종교 안에 하나님의 진짜 계시가 있었다는 것을 부인하지 않을 것입니다. 그렇다면 저는 호그가 제시한 문제, 즉 하나님과 비기독교적 종교 체험을 믿는 신자들 사이에 실제 어떤 교감이 있는가 하는 문제에 크래머가 정면으로 맞서지 않았다고 생각합니다. 저는 이 물음에 대해 명백한 긍정어로 답해야 한다고 생각합니다.

그러나 이렇게 긍정적으로 대답한다면, 호그에게 한층 더 나아간 질문을 하게 됩니다. 이러한 '비기독교인의 신앙'은 예수 그리스도를 통해 하나님을 믿는 것과 어떤 관계가 있습니까? 이 질문에 대한 호그의 답변은, 그리스도만이 아버지께 이르는 영구적이고 충분한 길인 반면, (일단 어떤 사람이 그리스도를 통하여 죄악된 인간을 거룩하신 하나님으로부터 갈라놓은 무저갱abyss의 깊이를 이해했다면) 그 사람은 그리스도 외에 다른 길이 없음을 볼 것인 반면, 그럼에도 불구하고 그리스도를 모르는 사람들에게 비록 좁고 신뢰할 수 없는 길임에도 길이 주어집니다. 호그는 자신이 말하고자하는 바를 비유의 형식으로 다음과 같이 이야기합니다.

> 어떤 몽유병자가 아주 얇은 흔들리는 나무판자를 이용하여 깊게 갈라진 틈을 안전하게 건널 수도 있을 것이다. 그 몽유병자는 꿈에 너무 깊이 빠져서 심연 아래에 가득한 위험을 깨닫지 못한다. 그러나 그를 깨운다면 그는 떨어질 것이다. 영혼과 양심에 있어서 사람들은 지금 그 몽유병자만큼이나 올바로 인지하지 못하는 경향이 있어서,

자신들이 심연을 건너갈 것이라고 생각한다. 그리고 그렇게 가장 좁고 구불구불한 교리의 다리bridges를 타고, 아버지께서 보응하시기를 좋아하시는 믿고 순종하는 신앙에 대한 의심의 심연을 가로질러 승리하는 일이 일어날 지도 모른다. 그러나 언젠가 그리스도께서 그들을 흔드셔서 하나님의 해방과 용서에 대한 믿음으로부터 양심의 가책을 갈라놓는 심연engulfing의 깊이에 대한 지각知覺을 깨우실 때, 그 때에는 다른 다리가 아닌 바로 그분의 십자가로 인해 그들이 믿음 안에 있는 '기쁨과 평안'을 다시 얻을 것이다. 그리스도께서 아직 영적으로 사로잡으시지 않은 곳에서는, 그리스도 외에도 하나님을 믿기 위한 다른 길들이 있다. 그 길은 우리 하늘 아버지께서 자신과 교감할 수 있도록 주신 방법이다. 그러나 그리스도께서 어떤 사람에게 죄에 대한 하나님의 심판의 베일을 벗기셨을 때에는, 그 사람에게 그리스도는 단 하나의 유일한 길이 되실 수밖에 없다. 그리스도는 하나님께 가는 유일한 길이며, 계속 영원한 직통로일 수 있다.[5]

이것이 하나님에 대한 비기독교인의 경험과 예수 그리스도를 통해 하나님을 믿는 것 사이의 관계의 문제에 대한 충분한 답이라고 느끼기는 어렵습니다. 이 점에서 호그에게 한 크래머의 질문은 매우 적절합니다. 크래머는 호그에게 여기에서 왜 유대인에 대한 문제를 제기하지 않는지 묻습니다. 그리스도께서 오심을 가장 완전히 예비한 사람들이, 하나님께서 자신을 가장 완전하게 드러내 주셨던 사람들이, 하나님께 가장 가까웠던 사람들이, 왜 계시를 거부하고 구속자를 멸하려고 했던 바로 그 사람들이었습니까? 크래머가 올바르게 말하기를, 우리가 가진 문제의 진짜 심연이 드러난 곳이 바로 이 지점이라는 것입니다. 비기독교인과 기독교인의 하나님에 대한 경험의 사이의 관계가 무엇이든지 간에, 이는 연속성이라는 측면만으로는 설명될 수 없습니다. 확실히 연속성이 있기는 합니다. 그러나 논증의 어딘가에서, 가장 하나님께 가까이에 있던 그 사람들이 바로 가장 쓰라리게 예수님 안의 하나님의 자기계시를 거부했던 사람들이라는 비극적인 사실을 발견해야 합니다. 이것은 단지 유대인들만의 문제가 아닙니다. 이른바 고등higher 종교로 불리는 사람들이 복음과 접촉할 때 종종 본질적으로 같은 것을 보게 됩니다.

크래머에 맞서서 호그는, 기독교에서 유일한 것은 신적 자기계시가 있다는 것이 아닌데 왜냐하면 믿는 자에게 하나님께서 자신을 드러내시는 것은 예수를 알고 받아들인 사람에게 국한된 것이 아니기 때문이라고 주장하였습니다. 호그에 따르면, 유일한 것은 예수 안에 있는 계시의 내용입니다. 그 내용은 우리의 양심에 그것 스스로가 하나님의 계시임을 입증하는 그런 것입니다. 호그는 말하기를, 우리는 복음이 유일하게 하나님이 자신을 드러내신 사건이기 때문에 유일하다고 말하지 않습니다. 우리가 복음의 내용으로 인식하는 내용 때문에, 복음이 하나님의 유일한 자기 드러냄이라고 인정합니다.

호그가 만든 계시의 '발생함'에 있어 유일성과 계시의 내용에 있어 유일성 사이의 이러한 구분은 우리가 다음 장에서 다시 다룰 것입니다. 만약 하나님께서 계시하신 것이 무시간적timeless 진리라면, 또는 만약 계시가 하나님의 목적과 약속과는 별개로 단순히 하나님 자신이라면, 이러한 구분이 유지될 수 있을 것입니다. 그러나 만약 계시의 내용이 약속과 성취의 형태라면, 그리고 계시의 맥락이 세상을 향한 하나님의 목적 전체라면, 이것이 참이라면 이러한 구분은 유지될 수 없습니다.

크래머가 제기한 질문들은 탐바람 대회 이후 25년 동안 전체 논의에서 가장 지배적인 문제였습니다. 유감스럽게도 크래머의 강력한 논증의 영향으로 인해 이전 시기에 시작된 기독교인과 비기독교인의 사이의 대화가 중단되었습니다. 이것이 크래머가 의도가 아니라는 점은 크래머의 저술을 연구하려고 애쓴 사람들에게는 명백할 것입니다. 하지만 예수 그리스도 안에 있는 하나님의 계시와 인간의 모든 종교 사이의 불연속성에 대한 크래머의 강력한 주장은 많은 사람들에게 파커Farquhar 같은 사람들이 열어 놓은 만남의 영역을 망쳐놓은 것으로 보였습니다. 탐바람 대회가 끝나고 11년 후 방콕에서 열린 아시아 교회들의 첫 번째 대회에서, 비서트 후프트Vissert'Hooft 박사는 아시아의 신학자에게 비기독교적 종교 사상의 세계에 침투하여 다시 새롭게 대화를 계속하라는 보다 모험적인 시도로 날카롭게 도전하였습니다. 이에 대해 열성적인 많은 사람들이 있었고, 그 후 20년 동안 아시아의 기독교인들 쪽에서 다른 신앙을 가진 사람들을 진지한 대화에 끌어들이는 노력이 늘어났습니다. 그러나 토론이 진행되는 상황은 탐바람 대회 이전의 시기와는 달랐고, 토론의 조건도 이에 따라 변하였습니다.

힌두교의 알려지지 않은 그리스도

다음 장에서 이 문제에 대해 토론하기 전에, 그리스도께서 힌두교의 성취라는 이론이 설득력 있게 주장된 널리 읽혀진 책에 대해서 간단한 언급이 있어야 할 것입니다. 레이몬드 파니카Raymond Panikkar가 쓴 『힌두교의 알려지지 않은 그리스도The Unknown Christ of Hiduism』를 언급하고자 합니다.6 이 책의 주요 부분은 브라흐마 수트라의 고투a sloga of the Brahma Sutra에 대한 훌륭한 해설로 이루어져 있습니다. 그러나 이것은 파니카가 자신의 핵심적인 이론을 규정하는 장 앞에 있습니다. 이것은 다음과 같이 간단히 요약될 수 있을 것입니다.

1. 그리스도는 보편적인 구속자이다. 그분이 아니고서는 누구도 구원받을 수 없다.
2. 이것은 하나님께서 모든 사람에게 구원에 필수적인 방법을 제공하신 하나님의 계시된 본성으로부터 나온다.
3. 종교는 사람이 구원을 받아 하나님과의 연합에 이르는 길이다.
4. 역사적인 기독교가 인도에 나타나기 전에 기독교는 인도 사람들에게 제공된 구원의 수단이었다.
5. '선하고 진실한 힌두교인은 힌두교에 의해서가 아니라 그리스도에 의해서 구원을 받는다. 그러나 그리스도께서 힌두교인을 구원하시는 것은 보통 힌두교의 성례sacraments를 통하고, 도덕과 선한 삶에 대한 메시지를 통하고, 힌두교를 통해 그리스도께 이르는 밀의 mysterion를 통한 것입니다.' (p. 54)
6. '힌두교는 기독교에서 정점을 이루는 종교의 시작점입니다.' (p. 58)

제가 간단한 요약으로 정리함으로 인해서 파니카의 생각을 잘못 전달하지 않았기를 바랍니다. 이것을 전체적으로 볼 때 확실한 약점들이 단번에 뚜렷하게 드러납니다.

　1. 하나는 안셀무스의 유명한 말, '당신은 아직 충분히 죄를 고려하지 않았다'를 여기에 적용하고자 하는 것입니다. 예수님께서는 '인자가 반드시 고난을 받아야 한다'고 말씀하셨습니다. 만약, 일반적 구원이 하나님의 성품으로부터의 논리적 추론이라면, 왜 끔찍하게 십자가가 필요합니까? 저는 기독교 밖의non-christian 세계의 운명에 대한 전통적인 교리 뒤에 종종 숨어 있는 하나님의 성품에 대한 비기독교적un-christian 개념을 옹호하고 싶지 않습니다. 그러나 그 중심에 십자가가 있는 복음의 이야기는, 계시된 하나님의 성품으로부터 선한 의지를 가지고 있는 모든 사람들의 구원에 대한 어떤 관대한 추론도 영원히 배제해야만 할 것처럼 보이는 면에서, 하나님과 불화하는 인간의 끔찍한 현실에 대해 눈을 뜨게 합니다.

　2. 이 도식에 따르면, 선한 힌두교인이 구원받는다는 것은 확실히 중요합니다. 하지만 어떤 기준으로 선함이 측정될 수 있으며, 그리고 이것은 예수님께서 의인을 위해 오신 것이 아니라 죄인을 위해 오셨다는 사실에 대한 복음의 강조점과 어떻게 연관될 수 있습니까?

　3. 종교는 구원의 영역인 것으로 추정됩니다. 어떻게 그렇습니까? 만약 성경이 우리의 안내자라면, 종교가 바로 영벌damnation의 영역(인간이 살아계신 하나님으로부터 가장 멀리 떨어진 장소)일 수 있다는 가능성을 배제할 수 없습니다. 확실히, '모든 사람에게 비추는 빛'이 인간의 종교에서 뿐만 아니라 (아마 중점적으로도 아니라), 오히

려 집, 사업, 국민 생활의 일상적인 충실함 속에서 그 빛이 빛나는 것을 볼 것이라고 주장해야 합니다. '내가 무엇을 하여야 구원을 얻으리이까?' 하는 질문에 대해 예수님께서 하신 대답은, 두 종교인의 모습은 명백히 멸망으로 가는 길에 있는 반면에 종교적이지 않은 사람은 구원의 길에 있는 선한 사마리아인의 이야기였습니다.

4. 이 도식에서, 기독교는 그 시작점이 힌두교인 종교의 정점입니다. 이것은 다시 파커의 입장이 되풀이된 것입니다. 거의 반세기 전 개신교 선교사들의 생각에서 버려졌던 이 사상의 노선은 로마 가톨릭의 사상에서 다시 돌아왔습니다. 교황 회칙 에클레시암 수암the Papal Encyclical *Ecclesiam Suam*에 주어진 가르침을 통하여 이와 비슷한 것이 매우 폭넓게 받아들여졌습니다. 이 문서에 주어진 그림은 로마 가톨릭 교회가 차지한 중심부 주변에 동심원처럼 둘러져있는 종교의 그림입니다. 이 중심부 주변에는 다른 기독교인들로 구성된 원이 있습니다. 그 너머에는 다른 유신론자들, 이교도 신자들이 있고, 결국 제일 바깥쪽에는 아무 종교에도 전혀 속하지 않은 사람들이 있습니다. 이 아주 단순한 그림은 많은 사람들에게 종교들 간의 관계를 이해하는 모형이 되었습니다.

이 모형은 작동하지 않을 것이라고 아주 솔직하게 말해져야 합니다. 다른 종교들은 기독교와 가깝다거나 먼 정도에 의해 이해되지도 평가되지도 않을 것입니다. 다른 종교들은 복음에서 완성되는 출발점이 아닙니다. 다른 종교들은 다른 방향을 향해 있고, 근본적으로 다른 문제를 묻고, 복음 안에 주어진 것이 아닌 다른 종류의 성취를 구합니다. 오토가 말한 것과 같이, 다른 종교들은 다른 축들을 중심으로 돌고 있습니다. 이 모형에 다른 종교들을 맞추는 것은 다른 종교들을 진정으로 이해할 수 있는 모든 가능성을 잃어버리는 것입니다. 게다가 십자가에 달리신 예수님과 관련하여 '가깝다'거나 '멀다'는 개념은 무슨 의미입니까? 독실한 바리새인들이 반쪽짜리 이교도인 창녀보다 더 가깝거나 더 멀다는 것입니까? 열정적인 마르크스주의자가 힌두교 신비주의자들보다 더 가깝거나 더 멀다는 것입니까? 어떤 사람이 종교적이기 때문에 그리스도께 더 가깝습니까? 복음은 종교의 절정입니까? 또는 종교의 종점입니까?

관심의 이동: 종교 속 논의에서 세속 세계 속의 논의로

예루살렘 대회에서 존 맥머리가 제기한 날카로운 질문들이 논쟁의 중심으로 옮겨왔습니다. '타종교의 종교적 가치들 중 중요한 것'에 대한 질문은 더 이상 중심적인 문제가 아닙니다. 세계적인 세속화 과정은 논쟁을 다른 방면으로 이동시켰습니다. 이것은 아시아에서 특히 뚜렷했습니다. 가능한 짧은 시간 안에 옛 식민지적 종속들을 대신하는 근대복지국가를 창조할 것을 요구하는 아시아는 어떤 종교인이든 그들의 관심이 이 세상의 사업으로 더욱 더 확고하게 바뀌도록 자극하였습니다. 혁명적인 시대적 요구를 위한 원천을 새로 발견하기 위해 비기독교적 종교의 전통들이 탐색되고 있습니다. 그리고 기독교인들은 과거에 선교사업에서 바꾸려고 애를 썼던 것 중 많은 것들이, 이제는 세속 기관에 의해 훨씬 더 성공적으로 이루어지고 있다는 사실에 깊은 인상을 받았습니다. 아시아의 기독교인들 사이에서는 이 혁명적인 과정에서 하나님께서 일하고 계시다는 강한 느낌이 있습니다. 그 결과, 예수 그리스도의 종결성에 대한 문제는 비기독교적 종교의 종교적 가치와 그리스도와의 관계와 관련해서는 그리 많이 제기되지 않으며, 인류의 세속적 역사에 대한 그분의 의미에 대해서 그 문제가 제기됩니다.

    여러 종교 중 기독교의 위치에 대한 논의는 확실하게 끝나지 않았습니다. 종교는 인간의 삶과 사회생활에서 대단히 영향력 있는 요소로 여전히 남아 있으며, 계속 남아 있을 것입니다. 복음과 종교의 관계가 무엇이 되든지 간에, 종교 간의 대화는 복음에 대한 이해와 절대 무관해 질 수 없습니다. 그러나 우리의 주된 주제를 성실히 다루려 한다면, 인류의 세속적 역사에서 복음의 위치에 대한 문제를 묻는 것이 또한 필수적입니다. 우리는 이제 그 문제에 들어설 것입니다.

03 세속적인 소식으로서의 복음

복음과 세속 세계 사이의 접촉점

기독교가 다른 위대한 세계종교들과 많은 특징들을 공유하고 있다는 것은 명백합니다. 만약 '종교'라는 말이 개별 예배를 드리는 것과 공동 예배를 드리는 것, 기도, 성스러운 경전을 읽고 마음에 새기는 등의 일을 포함하는 것이라면, 기독교가 하나의 종교라는 것을 입증하기 위한 더 이상의 논쟁은 필요 없습니다.

그러나 또한 기독교는 확실히 '종교'라는 말에 보통 포함되지 않는 운동들movements과도 많은 공통점을 가지고 있습니다. 예를 들면 기독교는 불교 보다 오히려 마르크스주의와 훨씬 더 많은 공통점을 가지고 있다고 확실히 주장할 수 있을 것입니다. 현대 세속주의가 성경에 뿌리를 두고 있음을 보여주는 많은 증거가 있습니다.

더구나 선교사의 경험상으로, 복음과 비기독교인의 경험 사이에 있는 '접촉점'이 그 비기독교인의 종교적인 경험 영역에서 통상 발견될수 있는지 여부가 의심스럽습니다. 복음이 평범한 사람의 '가슴에 깊이 사무치는' 점은 자신의 종교적 신념이나 관행들과는 분명히 관련이 없는 세속적 삶의 경험과 관계가 있을 때가 아주 많습니다. 제가 염두에 둔 것은 가정에서 배운 것들로 사랑과 이별, 순종과 불순종, 충성과 불충과 같은 인간적인 경험과 재난과 구조, 사별과 위로, 죄책감과 용서와 같은 경험들입니다. 복음이 사람들에게 뜻깊게 다가올 때는 특별히 종교적인 믿음의 어떤 요소들과 관련해서라기보다 보통 이러한 일상적인 경험들과 관련해서입니다.

사실 예수님 자신이 종교적인 영역에서보다는 세속적인 영역에서 예수님의 이야기를 듣는 사람들과의 '접촉점'을 마련하셨다고 말해야 하지 않을까요? 예수님의 가르침에 있어 특징은 비유였습니다. 그리고 그 비유들은 평범한 인간의 세속적 경험에 대한 이야기들을 바탕으로 합니다. 예수님께서 알려주신 새로운 것, 즉 현재의 실재로서의 하나님 나라는 평범한 인간의 경험에 대한 더 깊은 이해를 통해 파악되는 것이었습니다. 일반적으로 이러한 말씀을 이해하고 따랐던 사람들은 평범하게 세속 세계에 살고 있는 non-religious 사람들이었던 반면에, 종교 지도자들은 이를 배척했습니다.

기독교는 확실히 종교의 하나입니다만, 단순히 하나의 종교로서만 이해하려 한다면 우리는 기독교를 온전히 이해할 수 없다고 결론 내립니다. 기독교가 최고의 supreme 종교이자 최후의 culminating 종교라고 할지라도 말입니다. 만약 우리가 원래의 기록들로 돌아가서 거기에서 예수님과 관련된 '종결성'이라는 말을 의미를 찾는다면, 앞 장에서의 취했던 관점과는 다른 방식으로 그 의미를 보게 될 것입니다. 만약 우리가 '종결성'이란 말을 가지고 복음서에 대해 묵상한다면, 다음과 같은 구절들이 우리 마음에 떠오를 것입니다.

* 전적인 포기 surrender가 수반되는 요구로, '나를 따르라'고 사람들에게 말씀하신 그 부르심과 이에 붙어 있는 생명에 대한 약속

* 예수께서 오신 것은 회개하라는 하나님의 최종적인 부르심임을, 예수께서 분명하게 말씀하고 있는 악한 포도원 농부들에 대한 비유
* 첫 번째 선포: '때가 찼고 하나님의 나라가 가까이 왔다'
* 마지막 위임: '하늘과 땅의 모든 권세를 내게 주셨으니 그러므로 너희는 가서 제자를 삼고 … 볼지어다 내가 세상 끝날까지 너희와 항상 함께 있으리라'

원래의 형태에서 복음은 모든 사람들에 대한 그리고 그들의 총체적 삶에 대한 결정적인 사건에 대한 소식입니다. 이것은 전 세계적이고 우주적인 용어로 묘사된 사건입니다. 이 소식은 세상을 향한 하나님의 모든 목적이 이 사건에서 성취되고 있음을 암시합니다. 우리는 여기에서 모든 시대의 종교적인 가르침들을 완성하고 완벽하게 하는 어떤 종교적인 메시지를 다루고 있는 것이 아닙니다. 우리는 세상의 마지막에 관한 어떤 소식을 다루고 있습니다. 예수님과 관련하여 '종결성'이라는 말의 진정한 의미는 이 소식의 의미를 꿰뚫어 봄으로써 발견될 것입니다.

인간의 총체적 상황에 대한 소식

1. 우리는 어떻게 이것을 설명할까요? 이것은 종교적인 소식입니까 아니면 세속적인 소식입니까? 이것은 부처님식의 개인 구원에 대한 어떤 새로운 길을 가르친 것이 아닙니다. 또한 이것은 이슬람식의 신정 왕국에 대한 소식도 아닙니다. 우리는 이것을 어떻게 설명할 수 있을까요?

이것은 인간의 총체적인 상황에 관한 한 사건에 대한 소식입니다. 단지 어떤 한 측면 — 예를 들면 종교적 측면에만 관련된 것이 아닙니다. 이것은 현존하시고 행동하시는 하나님의 통치에 관한 소식입니다. 이것은 기쁜 소식에 대해 설교하고 삶의 방식을 가르치는 일일뿐만 아니라 아픈 사람들을 치료하는 것과 배고픈 사람들에게 먹을 것을 주는 일을 포함하는 선교로 예수와 그의 제자를 보냅니다. 그러나 이것은 이스라엘에서 신정 복지국가의 건설로 이끌지 않습니다. 이것은 거절과 십자가에 못 박힘 그리고 죽음으로 이끕니다. 그러나 죽음이 그 끝은 아닙니다. 죽음을 넘어서 부활과 성령의 새로운 시대가 옵니다. 성령은 새 창조, 새 하늘들과 새 땅, 그리고 새 예루살렘에 대한 약속과 보증입니다.

그러니까 이 소식은 유일무이한 것입니다. 이것은 단순히 새로운 종교적 교리에 관한 소식도 아니고 새로운 세속적인 프로그램의 개시도 아닙니다. 개별적인 인간 개인의 실존을 의미할 때에도, '인간 실존에 대한 의심쩍은 것questionableness'에 제공되는 대답이 아닙니다. 오히려 총체적으로 고려되는 모든 것들에 대한 의심쩍은 것이 이야기되는 것입니다. 이것은 하나님이 인간과 결정적으로 만나시는 것에 대한 소식입니다. 단지 역사 속 자신들의 위치로부터 따로 떨어질 수 있는 개별 '영혼들'로서의 인간이 아니라, 전체로서의 인류와 전체로서의 인간 역사와 정말로 창조 전체와 만나시는 것입니다. 이것은 모든 것의 완성consummation과 관련됩니다. '종결적'인 것으로서 이것의 특징은 이러한 사실 속에 있습니다.

소식의 발생과 내용 사이의 관계: 세속 역사 속에서의 소식

2. 이 소식은 역사 속 특정 시점에서 발생하였습니다. 이것은 인간이 처한 상황이나 하나님의 본성에 대한 무시간적 지혜의 단편으로 따로 떼어내어 바라볼 수 없습니다. '본디오 빌라도에게under Pontius Pilate'는 그 실체substance의 일부분입니다. 세속 역사 속 한 사건에 이 소식을 이렇게 자리매김 하는 것은 그것의 본질적 성격의 일부분입니다. 이 지점에서 우리는 '발생occurrence'과 '내용content'에 관한 호그와 크래머 사이에 벌어진 논쟁으로 돌아가야 합니다. 호그는 그 문제에 대한 주장을 다음과 같이 요약했습니다: '크래머는 계시의 발생이 유일무이한 것이기 때문에 복음을 유일무이한 것으로 간주한다. 그러나 나는 그 계시의 내용 때문에 그것을 유일무이한 것으로 여긴다.' 여기에서 이 딜레마는 잘못된 딜레마라고 응답해야 합니다. 왜냐하면 발생은 내용의 일부이기 때문입니다. 그 계시는 하나님의 본성이나 인간의 의무에 대한 영원한 진리의 드러냄이 아닙니다. 그렇다면 이것은 계시로 주장된 다른 것들과 그 내용의 면에서 비교될 수 있을 것입니다. 그 계시는 만물의 완성을 바라보는 행동의 착수입니다. 계시와 일반적인 세속 역사와의 관계는 계시에 있어 필수적인 것입니다.

역사성의 문제를 중요하지 않게 여기는 것은 힌두 사상의 특징입니다. 제가 결코 잊을 수 없는 놀라운 일이 있었습니다. 라마크리슈난 미션Ramakrishnan Mission에 한 독실하고 학식 있는 교사가 있었습니다. 그분은 저에게서, 기독교인으로서 저의 신앙 전체가 신약성경에 있는 예수님께 관한 기록에 실재하는substantial 역사적 진리 위에 받쳐지도록 하려는 것을 발견하였습니다. 그에게는 종교적 진리의 존립과 관련된 그러한 문제들이 역사 속에서 일어난 사건들에 달려있다는 것은 허용될 수 없음이 자명해 보였습니다. 만약 예수께서 구현하시고 가르치신 그 진리들이 참이라면, 그 진리들은 언제 어디서든 참이며, 예수라고 불리는 사람이 실제 생존한 적이 있었던지 없었던지 상관없이 참입니다. 이것과 날카롭게 대조되는 것으로, 제가 나이를 아주 많이 드신 위대한 성직자이며 선교사인 분을 방문했던 때를 기억합니다. 저는 그분이 최신의 급진적인 신약성경 연구 서적들로 둘러싸여 있는 것을 발견했습니다. 제가 이것에 대해 논평을 했을 때, 그분은 다음과 같이 대답했습니다. '모든 것은 실제로 무슨 일이 일어났었는지에 달려 있다. 그러니 우리는 최신 연구 결과를 알아야 한다.'

실존주의적 신약성경 해석자들은 독일어에서 가능한 '역사적인historich'과 '의미사적인geschichtlich' 사이의 구별을 이용하여, 힌두교 불이론자不二論者; advaitin의 입장과 실제로 크게 다르지 않은 어떤 입장에 도달합니다. 전자는 과학적인 역사적 연구 작업에 의해 확립될 수 있는 것을 지칭합니다. 후자는 참으로vitally 그리고 '실존주의적으로' 오늘의 나에게 관련되는 것을 지칭합니다. 이렇게 구별하는 것이 끼치는 영향으로, 죽은 과거와 살아있는 현재 사이에서 만들어진 완전한 이분법이 존재하는 것처럼 자주 그렇게 보입니다. 죽은 과거는 현재에는 아무런 의미가 없는 '객관적인 사실'에 속한 것입니다. 그리고 살아있는 현재는 과거의 유사한 경험에 의해 현재의 나에게 밝혀질 수 있지만, 그러나 과거에 어떤 일이 실제로 일어났던지 혹은 일어나지 않았던지 상관없이 그 자체로 독립적인 것입니다. 이것은 연속이라는 의미에서 시간이 그 중요성을 잃는다는 것을 뜻합니다. 실제로 있는 유일한 것은 현재이고, 복음의 메시지에서 '종결성'이란 종말the end of the time series에 있을 무언가에 대한 보증을 주는 것을 의미하지 않고, 다만 이 순간 나 개인에게 궁극적인 것을 의미할 수 있을 뿐입니다.

이 관련된 두 입장들과 대조적으로, 신약성경의 저자들은 기록된 것들이 실제로 일어났음을 보여주는 것과 또한 그것들을 세속 역사의 연속선 안에 정확히 위치시키는 것에 엄청난 중요성을 부여했다는 것이 명백해 보입니다. 거듭되는 '증인들'의 인용, 장소와 시간에 대한 주의 깊은 진술, 세속적 역사의 맥락에서 주요한 사건들의 년도 기입dating, 그리고 몇몇 신약 책들에서 글을 열어가는 말들, 이 모든 것들은 신약성경의 저자들이 구레뇨Quirinius가 시리아 총독이었을 때 인구 조사가 있었다는 사실을 믿는 것과 동일한 방식으로 그들이 실제 일어났던 것으로 믿는 사건들을 기술하고 있었다는 사실을 증명합니다. 역사에 대한 이러한 현실적인 태도와 같이 그들은 자신들이 기록한 그 사건들이 단지 한 신자의 개인적인 상황뿐만 아니라 전체로서의 인간과 우주 역사의 종말, 즉 미래에 있을 어떤 종말에 관련된다고 믿었습니다.

따라서 호그와 같이 복음의 유일무이함이 계시의 발생에는 있지 않고 그 내용에 있다고 말하는 것은 불가능합니다. 사건과 내용은 이와 같이 분리될 수 없습니다. '발생함happenedness'은 그 소식을 구성하는 내용의 본질적인 부분입니다. 하나님의 본성에 대한 진술과 하나님께서 어떤 특정 시간과 장소에서 어떤 특정한 방식으로 행동하셨다는 기록은 아주 다른 것입니다. 후자의 경우 발생이 그 메시지의 본질입니다. 세속적 역사의 연속선 안에 성경에 기록된 사건들을 위치시키기 위해서 신약성경이 주의를 기울이는 것은 독실한 힌두교 신자가 신들의 성품과 연관시켜 상기하기 좋아하는 사건들의 역사성에 대해 일반적으로 보이는 무관심함과 크게 대조됩니다. 그들에게는 세속 역사의 사건들과 신들을 관련시키려는 중요한 시도가 없으며, 설령 그런 시도를 할 수 있더라도 그렇게 함으로써 어떤 이점을 얻을 수 있을 것으로 느껴지지 않습니다. 그것들의 가치는 비록 이런 특정한 사건들이 발생하지 않았더라도, 그것들이 여전히 참인 신에 대한 진리들을 설명한다는 데 있습니다.

이 주장의 이 점에 대해서 세 개의 논평이 있을 수 있습니다.

(a) 역사적 '사실'의 성격에 대한 문제는 아주 복잡한 것이고, 이에 대한 토론이 지속되고 있습니다. 그러나 확신컨대 하나는 명확합니다. '사실'이라는 것을 그것이 의미하는 것에 관한 역사가의 판단으로부터 분리하여 확인할 수 있고 또 그렇게 해야 하는 소여所與라고 가정하는 역사에 대한 실증주의적 개념은 더 이상 받아들일 수 없다는 것입니다. 역사가의 원자료raw material는 오로지 어떤 해석을 필연적으로 내포하는 기록의 형태로써만 역사가가 이용할 수 있습니다. '역사 과학에서 사실이라는 것은 최초의 데이터가 아니라, 오늘날 일반적으로 의심할 바 없이 "객관적인 것"으로 받아들여지는 전통적인 해석으로부터 추상화 과정을 거친 최종 산물입니다.'[1] 이 문장에서 중요한 단어는 명백하게 '오늘날'이란 단어입니다. 이것 때문에 역사는 끊임없이 다시 쓰이고 있으며, 현재와 과거 사이의 끝임 없는 대화로서 정의됩니다(카E. H. Carr). 그러므로 '역사Historie'와 '의미사

Geschichte' 사이의 구분이 분명해지기보다 그 구분이 모호해지기 쉽습니다. 과거에 일어난 사건의 현재에 관한 의미를 해석하는 등의 일과 따로 분리되어 있는 역사는 없습니다(혹은 나중에 우리가 보는 것처럼 오히려 현재가 미래에 관해 믿는 것에 대해서). 복음 선포의 주제가 되는 사실들이 역사학적 연구 영역 밖에 있다고 말할만한 충분한 근거는 없어 보입니다. 그 사실들은 우리가 알고 있는 유일한 역사인 세속 역사의 일부입니다. 그 사실들의 중요점point은 그 사실들이 복음 선포 안에서 역사 전체의 의미를 가리키는 지표pointers로서 받아들여진다는 것입니다.

(b) 순전히 개인적이고 내적이며 영적인 세계—우리 자신의 고유한 체험과 결단의 세계와 역사적으로 일어난 사건들에 대한 외부 세계 사이의 이분법을 버리는 것은 복음이 필연적으로 함축하는 것입니다. 이 이분법은 오늘날 우리에게 두 가지 유형으로 익숙합니다. 즉, 자아의 실제 세계와 마야의 영역realm of Maya 사이를 구분하는 힌두교의 유형과 다른 하나는 현대 서양 실존주의자들이 제공한 것으로 사건의 유일한 의미는 오직 개인이 그 사건들에 부여하는 의미에만 있다는 유형입니다. 복음에 비추어 보았을 때, 이 각각의 형식은 잘못된 이분법입니다. 우리가 살고 있는 현대는 교회가 헬레니즘 사상이 유행하는 세계로 이동했을 때 직면한 것과 비슷한 상황에 있습니다. 헬레니즘 세계에서는 감각세계와 예지계, 즉 오감으로 접근할 수 있는 세계와 이성의 추론을 통해 알 수 있는 세계 사이의 어떤 이분법이 있다는 것이 자명한 것으로 받아들여졌습니다. 기독교인들이 자신들의 신앙을 숙고해 본다면 그러한 이분법의 존재를 반드시 부인하게 되어

있습니다, 삼위일체와 그리스도의 인성에 대한 교리의 정통적인 진술들을 수립하고 유지하기 위한 투쟁은 그러한 이분법을 극복하기 위한 교회의 투쟁 중 일부분이었습니다. 현대 세계의 교회는 자아와 자연 및 역사 세계와의 관계에 관한 올바른 진술을 수립하기 위해 유사한 투쟁에 직면해 있습니다. 다윈, 마르크스, 프로이트로 인해 제안된 인간 자아의 본성에 대한 인간 사상의 엄청난 혁명으로 인해, 아마도 기독교인들은 인간 자아를 자연과 역사 세계로부터 분리된 사적인 영적 세계 속으로 물러나도록 하여 갈등을 피하려는 유혹을 받았을 것입니다. 그러나 복음은 우리가 그러한 후퇴를 하도록 허용하지 않습니다. 복음은 인간 영혼뿐만 아니라 자연과 역사에서도 총체적으로 결정적인 어떤 사건을 지시합니다.

(c) 그러므로 우리는 복음을 믿는 것이 개인의 영적인 삶에 대한 총체적인 해석일 뿐만 아니라 세계 역사에 대한 총체적인 해석에 헌신하는 것이라는 사실을 받아들여야 합니다. 모든 역사적인 사고는 사람들이 듣게 될 이야기에 관한 잠정적인 믿음으로부터 필연적으로 시작합니다. 이 잠정적인 믿음은(이 믿음은 언제든 수정될 수 있도록 개방되어 있어야 합니다) 연구를 시도하려는 방향, 검토 자료의 선택, 자료에 대한 예비적인 판단을 지배합니다. 기독교적 믿음은 전체적 역사의 의미에 대한 일종의 판단이고, 그러므로 기독교인들은 세속적 역사 기록의 분야에서 다른 방식으로 역사를 해석하는 사람들과 열린 만남을 가질 수 있도록 준비되어야 합니다. 기독교인이 세속적 역사가들에 의해 간섭받지 않고서 일할 수 있는 '종교적인 역사'라는 딱지가 붙어 있는 특별히 예약된 울타리 쳐진 장소는 없습니다.

또한 기독교인이 역사가로서의 일을 수행할 때, 신자로서 자신이 믿는 신념을 뒤에 남겨둔 채로, 다른 전제 위에서 벌어지는 게임에 참여할 수도 없습니다. 그는 기독교인으로서 그의 신념을 가지고 역사적 연구 작업에 참여해야 하고, 자신들의 신념이 타당한지 또 생명력이 있는 것인지 다른 사람들과의 만남에서 시험대에 오르도록 해야 합니다. 왜냐하면 기독교인의 믿음 그 자체가 역사에 대한 하나의 해석이기 때문입니다.

이렇게 세 논평을 했으니, 이제 우리가 처음 시작했던 지점, 즉 호그가 이야기했던 그 딜레마가 오도하는 것이라는 지점으로 돌아가겠습니다. 우리는 복음이 가진 내용의 유일성과 하나의 사건으로서의 그것의 유일성 사이에서 선택을 하도록 요구받을 수는 없습니다. 복음은 세속 역사에서의 어떤 사건, 즉 인류 역사의(그리고 인류 역사의 일부분으로서의 개인적인 역사의) 전체 의미가 열린 어떤 사건에 관한 소식입니다. 내용 없는 단순한 사건이라면, 복음은 무의미할 것이며, 우연히 믿게 된 어떤 것을 자유롭게 넣어두는 단순한 그릇에 지날 뿐입니다. 그러나 세속적 역사 안의 한 사건에 대한 소식이라는 특징을 제외한 순전히 종교적인 가르침으로서 말한다면, 복음이 유일하며 최종적인 것이라고 주장할 수 없습니다.

복음과 다른 경험 사이의 관계: 연속성과 불연속성(단절)

3. 우리는 이제 이 사건과 이 사건에 속하지 않은 인간 경험과의 관계, 특별히 인간의 종교적 경험과의 관계에 대하여 무언가 말하고자 합니다.

이것은 그 선포proclamation가 결단을 요구하는 사건입니다. 아마도 현대 세계에서 발견 할 수 있는 이와 가장 비슷한 것은 새로운 마을에 공산당 노동자가 등장하는 일일 것입니다. 이 노동자의 메시지는 다음과 같을 것입니다.

(a) 혁명적인 행동을 위한 시간이 다가왔다.
(b) 여기에 당신이 자신의 모든 행동을 이해하고 전향하게redirect 할 수 있는 대의명분이 있다.
(c) 이 대의명분을 위해 이미 일하고 있는 동무들이 있다.
(d) 이것은 이 대의명분과 당에 대한 전적인 헌신을 요하는 사명a call이다.

복음의 선포는 동일한 형식의 무언가를 가지고 있습니다.

(a) 예수 안에 하나님의 통치가 가까이 왔다.
(b) 이것을 받아들이는 것은 당신의 모든 행동(공적인 행동과 사적인 행동)을 이해하고 지시할direct 수 있다는 것을 의미한다.
(c) 이미 헌신하여 사역하고 있는 사람들 사이에는 사도적인 친교가 있다.
(d) 이것은 헌신과 같은 당신을 향한 부르심the call이다.

이러한 선포와 호출이 복음과 무관한 인간의 경험이나 복음을 받아들이기 전 인간의 경험, 특별히 종교적인 경험을 이해함에 있어 어떤 의미가 있습니까?

(i) 이것은 예수 그리스도에 대한 믿음 밖에 있는 종교적 경험의 실재가 부인되는 것을 의미하지 않습니다. 이 점에서 제가 말해온 것처럼, 크래머가 충분히 솔직 담백해 보이지는 않습니다. 만약 예수 그리스도를 하나님의 계시로서 받아들이는 것이 그리스도에 대한 믿음이 없는 하나님과의 교감communion이 실재한다는 것을 부인함을 의미한다면, 우리가 성경을 번역함에 있어서와 교회의 삶과 예배에서 비기독교인이 '신God'을 지칭했던 단어를 사용하는 것은 전적으로 잘못해 온 것입니다.

(ii) 그럼에도 불구하고 위와 같이 말하면서 또한, 예수 그리스도를 주님으로 받아들이는 것은 그리스도를 받아들이기 전의 모든 종교적 경험으로부터의 근본적인 회개와 회심을 의미한다고 말해야만 합니다. 복음의 초점은 십자가라는 단어이고, 그 단어는 모든 인간의 지혜에 대한 그리고 그 지혜의 기반이 되는 경험에 대한 근본적인 판단입니다. 이것은 '종교적인' 지혜에 대한 것일 뿐만 아니라 인간의 '세속적인' 지혜에 대한 것이기도 합니다. 십자가라는 말은 인간의 삶으로 성육신하신 하나님의 임재 속에서, 유대인의 예언자적 종교로 대표되며 구현된 인간의 종교적인 지혜와 로마법으로 대표되며 구현된 인간의 세속적인 지혜가 모두 하나님의 진리를 철저히 대적하는 것으로 폭로되었다는 사실에 우리를 직면시킵니다. 모든 인간의 지혜에 대한 이러한 근본적인 심판은 예수님의 가르침에서 그 조짐이 드러났습니다. 이것은 십자가에서 타오르는 한 초점에 집중됩니다. 여기에 기독교의 원죄 교리로 표현된 인간 본성에 대한 저 심판의 기초가 있습니다. 십자가의 현존 앞에서 우리는 이렇게 말하지

않을 수 없습니다. 의로운 사람은 없으니, 하나도 없다고.

이 근본적인 심판은 단순히 인간 종교에 대한 심판이 아닙니다. 복음서의 기록에서, 이러한 심판에 대해 참회하며 잘못을 인정하는 최초의 고백이 순전히 세속적인 맥락에서 말해진다는 것은 아마 중요할 것입니다. 형을 집행하는 책임이 있는 로마 백부장은 이 '범죄자'는 진실로 의인이었다고 최초로 고백하였습니다. 그러나 이 심판은 인간 종교에 대한 심판을 포함합니다. 종교 지도자들은 예수님의 죽음을 초래하는데 결정적인 역할을 한 사람들이었고, 그들로 대표되는 종교는 매우 고등한 종교였습니다. 즉 예언자들의 종교에서 직접 계승된 종교였습니다. 그러나 그리스도의 현존 앞에서 심지어 이 고등종교조차도, 아니 특히 이 고등종교가 하나님의 진리를 대적하는 것으로 드러납니다. 십자가에서 구현되는 인간 종교에 대한 근본적인 심판은 사도 바울의 글에 완전히 드러나 있습니다. 인용할만한 여러 구절들 중에서, 빌립보서 3장에 있는 자전적인 부분을 간단히 언급하겠습니다. 독실한 바리새인으로서 그가 가진 보물들을 나열한 후에, 바울은 그리스도를 얻고 그 안에서 발견되기 위해서 이렇게 보물로 생각했던 것들을 그리스도의 빛 안에서 다 쓰레기로 여기고 모두 던져 버릴 수 밖에 없다고 계속해서 이야기합니다.

복음의 초점인 십자가의 총체적인 사실은 그리스도에 대한 믿음과 다른 형태의 종교적 헌신 사이의 관계를 단순히 연속성과 성취라는 면에서 설명하는 것을 불가능하게 만듭니다. 이 둘 사이에는 근본적인 불연속이 존재하기 때문입니다.

(iii) 그러나 전적인 불연속은 아닙니다. 사도 바울이 기독교 신자로

서 편지를 쓰면서 그 자신의 이야기와 자기 민족에 대한 이야기를 되돌아볼 때, 사도 바울은 그리스도 안에서 알게 된 살아계신 하나님의 역사가 그 이야기들 속에도 있음을 알았습니다. 예수 그리스도를 통해 알게 된 하나님은 아브라함과 언약을 맺으시고, 아브라함의 자손들에게 율법, 예배의식과 언약을 주셨던 하나님과 동일한 살아계신 하나님이셨습니다(로마서 9:4). 사도 바울이 바리새인이었을 때 심지어 자신이 하나님께 대항하여 싸우고 있었을 때조차, 바울을 다루어 오셨던 분은 바로 그 살아계신 하나님이셨습니다. 그리고 바울이 이교도인 아테네인들에게 설교할 때조차도 '알지 못하는 신'에 대한 아테네인의 예배를 설교의 출발점으로 삼았으며, 사실상 아테네인들이 이교적 예배 속에서 자신들이 추구하고 있었던 신조차도 살아계신 참 하나님이셨다고 말합니다. 이러한 연속성의 요소는 다른 종교로부터 기독교로 회심했던 많은 사람들의 경험에서도 확인됩니다. 비록 이러한 개종은 근본적인 불연속을 포함하지만, 자신들이 기독교인이 되기 이전에 씨름하던 시기에 자신들을 다루고 계셨던 분은 살아있는 참 하나님이셨다는 강한 확신을 자주 보게 됩니다.

제가 하려고 시도한 것들을 다음과 같은 방식의 세 가지 점으로 요약할 수 있을 것입니다. 복음은 예수 그리스도 안에 있는 하나님을 아는 지식과는 무관한 인간의 경험과 그 경험을 토대로 한 인간의 지혜에 대해 이중적 관계를 가지고 있습니다. 연속성과 불연속성 둘 모두와 관계됩니다. 복음은 다른 경험에 기초한 지혜로부터의 근본적인 단절과 회심을 요구하고 또한 그러한 결과를 가져옵니다. 그러나 이러한 단절을 경험했던 사람들이 심사숙고한 후에 하는 말은 이제까지

내내 자신들을 다루어 오셨던 분과 동일한 하나님이셨다는 것입니다. 심지어 자신들이 예수 안에서 자기 자신을 드러내시는 그분을 알지 못했을 때조차도, 그분은 결코 증거 없이 계셨던 적이 없었습니다.

구원의 범위

4. 우리가 복음 사건과 복음 선포를 살펴보려고 노력해 온 것과 같이, 복음 사건과 복음 선포를 신약의 문맥에서 보았을 때, 기독교와 다른 종교들과의 관계에 대한 많은 토론이 잘못된 전제에 기초해 있음이 분명해 집니다. 이러한 토론이 대개 취하는 형식은 다음과 같은 식의 질문입니다. 독실한 힌두교인(또는 이슬람교도나 불교도)은 구원 받을까? 복음 선포의 의미에 대한 이전의 토론에 비추어 본다면, 이 질문은 잘못된 형식으로 제기된 것처럼 보일 것입니다. 두 개의 논평이 적절해 보입니다.

(i) 이 질문에 있는 '구원 받는다'는 말의 의미가 검토되어야 할 필요가 있습니다. 보통 이 질문을 할 때, 죽음 이후 사람에게 일어날 무언가만을 지칭합니다. 이런 형식의 이 질문 뒤에는 신약성경으로부터 멀리 떨어져 있으면서 기독교인들 사이에 널리 퍼져있는 구원에 대한 어떤 개념이 자리 잡고 있습니다. 이것은 죽음 이후 개별 영혼에 일어나거나 혹은 일어나지 않을 수 있는 어떤 일에 대한 용어로 구원 개념을 제한합니다. 그러나 신약성경에서 이것은 구원의 의미도 아니고, 그리스도께서 하신 최종적인 일에 대한 의미도 아닙니다. 그리스도 안에서 하나님께서 하신 일의 큰 공동체적 그리고 우주적인 완성이 신약성경의 그림에서 지배적인 이미지이며, 이로써 모든 것들은

그리스도 안에서 창조된 모습으로 통일성이 회복될 것이며, 하나님은 만유all 안에 만유가 되실 것입니다. 그러한 최종적인 완성에서 각 인간 영혼의 역사와 마찬가지로 세계 역사 전체가 그 참 목적을 발견할 것입니다. 구원을 받는 것은 그리스도의 이 최종적인 승리에 지금은 맛보기로 종말에는 완전히 참여하는 것입니다. 신약성경에 따르면 그리스도께서 오셔서 죽으시고, 부활하고 승천하신 것은 하나님의 구원 계획에서 결정적인 순간이고, 그것을 듣는 모든 사람들에게 믿고, 회개하고, 회심하며, 그리고 지금 이 시대에서 하나님의 일에 참여하여 헌신하는 기회를 주며, 이것들이 불가피함을 보여줍니다. 이 기회를 거부함으로써 구원의 가능성을 잃어버릴(잃어버리게 될) 수 있다는 것이 틀림없이 분명해졌습니다. 그러나 제가 믿기로는, 회심과 헌신을 요구하는 이 복음을 제시 받아 본적이 없는 수많은 사람들은, 그로 인해 진행 중이며 완성된 하나님의 사역에 참여하는 것에서 필연적으로 배제됨을 함축하고 있지는 않습니다.

(ii) 구원을 받는 사람이 적습니까? 라는 질문은 예수님께서 답변을 거부하신 질문입니다. 이것은 오늘날 많은 기독교인의 마음을 매혹하는 것처럼 보이는 질문입니다. 한편 선교 사업을 위한 자금과 신규 지원자들이 부족하지 않도록 지옥의 문들을 활짝 열어 놓은 채 초조해 보이는 사람들이 있습니다. 다른 한편으로는, 다수가 틀린 것은 본래적으로 불가능하다고 생각하며, 하나님께서는 일종의 국민투표 원칙 같은 것으로 이 우주를 다스린다고 생각하는 것처럼 보이는 사람들이 있습니다. 그러므로 이런 사람들에게는 인류 역사에서 믿지 않는 사람들의 수가 믿는 사람들의 수보다 훨씬 더 많기 때문에, 이에 따라

하나님께서는 믿음보다는 다른 근거로 구원을 하신다고 보여 집니다.

이 두 입장 모두 아무런 참된 근거를 가지고 있지 않습니다. 우리는 이 질문에 답변하기 위한 자료가 전혀 없습니다. 사람들이 이 질문을 예수님께 했을 때, 예수님의 유일한 답변은 질문자들에게 좁은 문으로 들어가기를 힘쓰라고 하신 충고였습니다. 우리에게는 이 답변 너머로 갈만한 수단이 없습니다. 우리는 십자가에 달리시고 부활하신 그리스도에 대한 총체적인 사실에 직면해 있습니다. 우리에게는 지금 이 세계에서 회개하고, 믿고, 회심하고, 그분의 뜻에 따라 헌신할 기회가 있습니다. 우리는 종교들 중에서 가장 좋게 설명되는 무언가를 제공받는 것이 아닙니다. 우리는 세계의 역사와 나 자신의 영혼의 역사를 포함한 모든 역사에 대한 실마리clue가 되는 무언가를 (이것이 참이라면) 제공 받는 것입니다.

덧붙이는 말: 시작점, 세속화

계속해서 역사의 실마리로서 복음에 대해 이야기하는 것이 무엇을 의미하는 지를 충분히 탐구하기 전에, 저는 이 장의 토론에 대해 두 개의 주석을 덧붙이겠습니다.

(i) 저는 처음에 제시한 그 요점에 다시 주목하려고 합니다. 이 토론에 있는 모든 것은 그 시작점에 달려 있습니다. 어떤 사람은 '종교적인 경험'이라는 개념을 시작점으로 취함으로써 '그리스도의 종결성'에 대한 토론을 시작할 수 있습니다. 이것은 바로 호킹Hocking이 이 문제들에 대해 토론하는 방식입니다. 어떤 사람은 모든 인간의 종교적인 경험에서 공통적이고 중심적인 것을 파악하는 것을 추구함으로

시작할 수 있습니다. 어떤 사람은 가능한 선명하게 정의定義하는 것을 추구할 수 있습니다. 그런 다음에 다음과 같이 질문할 수 있습니다. 역사적 사건이 종교적 경험에서 '종결적인 것'으로 적절하게 설명되기 위해서 충족되어야 하는 조건은 무엇인가? 또는 다른 한편으로, 어떤 사람은 자신의 삶과 천지만물에 대해 결정적이고 최종적인 사건으로 이해되고 받아들여지는 그리스도에 대한 역사적 사실, 즉 그의 삶과 죽음 그리고 부활로부터 시작할 수 있습니다. 그런 다음에 종교적인 경험과 인간의 총체적인 세속적 경험, 이 두 경험 모두에 대해 그렇게 받아들이고 이해하는 것이 무엇을 의미하는 지에 대해 탐구할 수 있습니다. 여러분은 이것들 중 어느 하나가 올바른 시작점인지를 미리 입증할 수 없습니다. 만약 여러분이 그렇게 할 수 있다면, 그것은 그 시작점이 아닐 것입니다. 시작점은 믿음의 결정이며, 입증된다 하더라도 오직 이 탐구 과정의 결과로서만 입증됩니다.

(ii) 저는 앞 장의 끝 부분에서 아시아에서의 이 상황을 언급했습니다. 아시아에서 오늘날 이 토론은 세속화의 과정에 대한 모든 종교들의 반응에 의해 주로 형성됩니다. 이것은 단지 우연적으로 발생한 것이 아님이 이 장의 논의에 드러났기를 저는 소망합니다. 복음과 다른 종교들 사이의 접촉점이 점점 세속적인 영역에서 발견되는 것은 우연한 것이 아닙니다. 그리고 기독교인이 아시아에서의 세속화 과정을 단지 우연히 풍조가 변한다고 간주할 수도 없는 것입니다. 만약 기독교인이 복음을 올바르게 이해한다면, 성경의 하나님 개념이 아시아에 끼친 영향과 세속화 과정 사이의 불가결한 관계를 볼 수 있을 것입니다. 또한 세속화 과정의 의미에 대한 진정한 실마리가 복음에서 발견됨을

알 수 있을 것입니다. 올바르게 이해한다면, 세속화의 과정은 자유의 영역이 확장하는 것이며, 거기에서 인간은 하나님이 예수 그리스도 안에서 세상을 위해 하신 일을 이해하고 응답할 기회를 가지게 됩니다.

그런데 이렇게 말하는 것은 이미 다음 장의 주제에 들어선 것입니다. 그리스도의 종결성을 말한다는 것은 분명 그리스도 안에서 역사의 실마리가 발견된다고 주장함을 의미하며, 또 그런 까닭에 우리가 사는 시대의 역사에 참여함을 의미합니다. 그러한 주장의 의미를 탐구하는 것이 다음 장에서 해야 할 일입니다.

04 역사의 실마리

지금까지 우리가 주장해온 것은 그리스도의 종결성에 대한 문제가 단순히 기독교 또는 복음과 다른 종교들의 관계에 대한 문제가 아니라는 것입니다. 이것은 전 세계의 역사에서 예수 그리스도의 위치에 관한 문제입니다. 그리스도의 종결성에 대해 이야기하는 것은 역사의 실마리로서 복음에 대해 이야기하는 것입니다. 이와 같이 말하는 것은 어떤 의미일까요?

종교 사이의 커다란 분리

1. 먼저 이것은 니콜 맥니콜Nicol Macnicol이 '종교 사이의 커다란 분리the great divide among the religions'라고 부르는 무언가의 한 측면을 자신의 입장으로 취하는 것을 의미하며, 역사가 무언가를 의미하고 있다는 믿음을 고백한다는 의미입니다. 만약 종교가 최종적으로 모든 경험을 좌우하고 통일하는 것과 관련이 있다면, 원론적으로 이것을 할 수 있는 두 가지 방법이 있다는 것은 분명합니다. 우리에게 나타난 인간 경험의 모든 다양성과 모순incoherence 뒤에 혹은 너머에 있는 통일성과 일관성을 추구할 수 있는 두 가지 방법이 원론적으로 있습니다. 한 가지 방법은 다양한 현상 뒤에 있는 현존하는 실재an existent reality로서 통일성을 추구하는 것입니다. 다른 하나는 아직 달성하지 못한 어떤 목적으로서 통일성을 추구하는 것입니다. 첫 번째 방법의 전형적

인 그림은 바퀴이고, 두 번째는 길입니다.

바퀴는 인간이 고안해 낸 것이지만 그럼에도 인간이 경험한 자연 세계를 생각나게 하는 강렬한 상징입니다. 태어남, 자라남, 쇠약해짐, 죽음의 순환은 식물, 동물, 인간 존재와 제도들이 모두 소멸하는 것을 통해서 회전하는 (움직일 때마다 늘 자신에게 되돌아오는) 바퀴를 암시합니다. 그 바퀴는 이 끝없고 의미 없는 움직임으로부터 하나의 탈출 방법을 제공합니다. 모든 것이 정지한 상태에 있는 그 중심부로 가는 하나의 길을 발견할 수 있고, 그 움직임에 관여되지 않은 채로 끊임없는 움직임을 관찰할 수 있습니다. 그리고 그 중심부와 원둘레를 연결시키는 많은 바퀴살이 있습니다. 지혜로운 사람이라면 어떤 바퀴살을 선택해야 하는지에 대해 논쟁하지 않을 것입니다. 중심부에 이르도록 한다면, 어느 길이든 상관없습니다. 구원에 이르는 여러 가지 '길'에 대한 논쟁은 무의미pointless합니다. 중요한 모든 관건은 그것을 따르는 사람들이 모든 게 평화로운 무시간적이고 움직이지 않는 중심부로 가는 자신들의 길을 찾아야 한다는 것입니다. 그 중심부에서는 인간 역사를 만드는 모든 끝없는 움직임과 변화를 이해할 수 있습니다. 그것은 어디로도 가지 않으며 어떤 의미도 없다는 것을 이해할 수 있습니다.

또 다른 상징은 길입니다. 역사는 하나의 여행이며, 순례입니다. 우리는 아직 그 목표goal를 보지 못하지만 그것을 믿고 그것을 추구합니다. 우리가 관여하는 그 움직임은 의미 없는 움직임이 아닙니다. 그것은 어떤 목표를 향한 움직임입니다. 궁극의 안식처이자, 일관성과 조화의 경험인 그 목표는 이 길의 끝이 아니고서는 얻을 수 없습니다. 이 완벽한 목표는 우리가 경험하는 다양성과 변화의 뒤에 지금은 숨어 있는 무시간적인 실재가 아닙니다. 그것은 아직 이루어지지 않았지만, 이 길의 끝에 있습니다.

이것은 맥니콜이 '커다란 분리'라고 부른 것을 아주 대략적으로 묘사한 것입니다. 종교 대해 글을 쓰는 많은 사람들은 그것을 그렇게 인정하지 않습니다. 너무나도 자주, 종교에 대해 비교 연구하여 글을 쓰는 사람들은 종교의 핵심이 신비적인 경험에 있다고 상정하고, 그래서 논거도 없이 이 분리의 한편에 자신의 입장을 취하는 것으로 보입니다. 이런 확신으로부터 시작해서, 이 사람들은 모든 종교들에서 다양한 형식과 다양한 깊이로 (그러나 모두 같은 종류에 속하는 것으로 볼 수 있는) 신비적인 경험의 증거들을 발견합니다. 확실히 서로 다른 종교들은 역사에 대해 각기 다른 태도를 가지고 있지만, 이러한 차이는 한 언어 속의 다양한 방언들과 같이, 하나의 근본적으로 동종인 실재 안에서의 차이인 것으로 받아들여집니다. '커다란 분리'는 없습니다.

폴 틸리히는 불교도들과의 대화에 대한 자신의 보고서[1]에서 우리가 거대한 분리라고 부른 것을 단일한 체계 안의 양극성으로서 다룹니다. 틸리히는 말하기를 기독교와 불교 둘 모두 '지금 여기에서의 거룩한 경험'으로부터 비롯된다고 합니다. 하나는 신비주의적인 것이 두드러지고, 다른 하나는 윤리적인 것이 두드러집니다. 한쪽에서 거룩함은 당위what ought to be이고(하나님 나라), 다른 한쪽에서 거룩함은 존재what is입니다(열반Nirvana). 이것은 역사에 대한 태도를 갈라지게 합니다. 그러나 틸리히는 말하기를, 기독교에도 비역사적인 신비 요소가 있고, 다른 한편 '역사 자체가 불교에서 역사를 진지하게 받아들이도록 이끌었다'고 합니다. 이에 대해서는 다음의 논평들이 있을 것입니다.

(a) 기독교와 불교는 여러 세기동안 존재해 온 종교 체계이며, 그 세기들 동안 다른 문화적·종교적 영향력에 관여되어 온 종교 체계입니다. 그런 체계로서의 기독교와 불교는 분명히 원래 기독교와 불교를 탄생시켰던 것들 이외의 요소들에 의해 영향을 받아왔습니다. 복음이 헬레니즘 세계로 침입해 들어가던 순간부터 기독교는 범신론적 종교들과 범신론적 환경에서 번성한 신비주의와 접촉하고 그것들에 의해 영향을 받아왔습니다. 그럼에도 불구하고 기독교의 성경, 신조, 예배의식의 기본적 구조는 이러한 종류의 신비주의가 중심적인 자리를 차지하기에는 결코 불가능한 그런 것입니다. 아무 것도 기독교인의 종교 중심부에서 예수 그리스도의 구체적인 역사적 모습을 대신할 수 없습니다. 그리고 다른 한편 통합된 세속적 세계-사회의 현대적인 발전은 불교가 역사를 진지하게 받아들이도록 강요해왔습니다. 그럼에도 불구하고 이러한 발전은 단지 역사의 우연적 사실이 아닙니다. 이것은 기독교세계Christendom에 그 뿌리를 두고 있는 하나님의 나라에 대한 성경적 개념이 세속화된 형태로 세계 전역에 확산된 것과 직접적으로 관련이 있습니다. 기독교인의 관점에서 이러한 발전은 성육신에서 온 결과의 일부입니다. 즉, 비역사적 존재 방식 안에 있는 인간을 단일한 세계적 역사 속으로 끌어들인 것이며, 이 단일한 세계 역사는 인간을 향한 성경적 계시가 제기한 문제로 특징지어진 것입니다.

(b) 우리는 기독교와 불교가 '지금 여기에서의 거룩한 경험'[2]으로부터 성장한다는 진술을 받아들일 수도 있겠지만, 그러나 다음과 같은 문제가 있습니다. 그 거룩함의 성격은 무엇인가? 아니면, 그 거룩

한 자는 누구인가? '존재로서의 거룩함'과 '당위로서의 거룩함'에 대해 이야기하는 것은, 마치 멈추지 않고 왔다갔다 움직이는 저울의 바늘을 읽는 것과 같은 모호한 문제입니다. 예수 그리스도의 십자가에 집중되어 있는 하나님의 계시는 거룩함의 계시입니다. 이것은 존재하는 것이며 또한 마땅한 존재가 되기까지 until what ought to be is 괴로운 것입니다. 이 괴로움은 역사 속에 있으며, 또한 역사를 진지하게 여기지 않는다면 계시는 받아들여지지 않습니다. 기독교에서 역사의 가장 깊은 의미는, 하나님 자신의 완전한 사랑이 구속되고 회복된 피조세계에서 체현되고 반영될 때까지, 역사 안에 계시는 하나님께서 하나님과 멀어지고 하나님께 반역하려는 인간의 의지와 씨름하고 계시다는 사실입니다. 이것은 믿음의 대상으로서 십자가에서 그 불타는 가슴을 가지신 그리스도에 대한 총체적 사실을 취하는 것과 필연적으로 관련되어 있습니다. 이와는 반대로 제가 힌두교 친구들과의 토론을 하며 발견한 것이 있습니다. 대개 그 친구들은 베단타의 관점으로 기독교인의 경험과 교리를 해석하려고 시도하는 반면, 역사를 대하는 태도에서 기독교인들이 믿는 것과 힌두교의 인생관이 허용하는 것 사이에 근본적인 차이가 있음을 그 친구들 대부분이 인정합니다. 저에게는 이것이 종교들 간의 '커다란 분리'라는 점에 있어서 맥니콜의 생각에 동의하기 위한 좋은 이유가 됩니다.

역사가의 헌신과 보편사

2. 역사의 실마리로서 그리스도에 대해 말하는 것은 어떤 의미에서는 일관된 전체로서 역사를 이해한다는 의미입니다. 이것은 명백

하지 않습니다. 역사는 비일관적인 것과 무의미함으로 가득해 보입니다. 게다가 일반적으로 생각되는 역사는 인류의 어떤 부분이나 인간 문화의 어떤 측면들에 대한 역사입니다. 사람들은 인도의 역사나 유럽 건축의 역사 또는 북극 탐험의 역사가 의미하는 내용을 이해할 수 있습니다. 매우 최근까지도 지구상에 인간이 살기 시작한 이래의 모든 대륙과 모든 인류를 포괄하는 본질적인 자료를 하나의 작업에 담을 수 있는 보편적인 역사를 쓰기 위한 조건은 존재하지 않았습니다. 위대한 민족들과 문화 사이의 상호 접촉이 충분하지 않았고, 과거에 대한 충분한 지식도 없었습니다. 비교적 최근에 이르기까지, '보편사'라는 불리는 것은 성경에 기초를 둔 역사였습니다. 인간 역사의 광대함에 대해서는 무지하지만, 인간의 기원과 운명에 대한 성경적 믿음 위에서 자신들의 입장을 취한 사람들이 쓴 역사였습니다. 최근에는 이런 유의 '보편사'를 유효하지 않은 것으로 간주하는 것이 보통입니다. 이러한 보편적 역사의 한계를 지적하고, 보편적 역사가 정말로 아주 지역적이고 편협한 글이라는 결론, 말하자면 유럽인의 의식에 영향을 줄 때만 다른 지역들이 등장해서 기본적으로는 유럽 역사와 다를 게 없다는 결론을 내리기는 어렵지 않습니다.

볼테르 이래로 보편적인 역사를 건설하기 위한 많은 노력이 있었습니다. 서구 기독교 전통의 제약과 편견으로부터 자유로우며, 객관적이고 모든 인류와 모든 인간 역사를 동일한 가치로 볼 수 있는 공정한 정신으로 기술된 진짜 보편적 역사가 되도록 말입니다. 그러나 이 문제는 이러한 것이 본래적으로 불가능함을 드러내는 방식으로만 제시되어야 합니다. 모든 역사적인 서술은 무한에 가까운 기록 중에서 가장 중요한 것들을 선택하는 작업을 포함합니다. 이 선택 작업은 필연적으로 역사가의 잠정적인 판단을 기초로 하게 되고, 다시 이러한 판단은 자신이 살고 있는 시대에 발생한 사건의 흐름에 대한 자기 자신의 고유한 이해와 헌신에 달려 있습니다. 역사가가 스스로 부분적이고 편협한 선입견으로부터 자유로울 수 있다고 주장한다 하더라도, 역사가가 자신이 작업한 방식으로 진행하도록 이끈 역사가의 신념들을 비판적인 독자의 눈으로부터 은폐할 수 없습니다. 역사가의 신념은 자신이 살던 시대와 장소에서는 시험대에 올라간 적이 거의 없는 신념들이어서, 최초의 독자들은 그러한 신념들이 밑바탕에 있음을 알아차리지 못하고 객관적이고 공정하다는 주장에 수긍하겠지만, 또 다른 시대와 장소에 사는 독자들은 역사가에게 자명했던 신념들이 정말로 매우 의심스럽다는 것을 바로 인식할 것입니다.

만약 모든 역사를 하나의 통일된 것으로 파악하려 한다면, 그 통일된 것은 어떤 관점을 가지고 파악한 것이 틀림없으며, 제가 이미 말했던 것처럼 모든 특정한 관점들 위에 있는 관점은 없습니다. 사람은 단지 자신이 서 있는 그 자리로부터 사물을 볼 수 있을 뿐입니다. 그렇다면 보편적인 역사와 같은 것이 어떻게 있을 수 있겠습니까?

보통은 어떤 이야기를 하기 전에 그 이야기의 핵심을 알고 있는 사람만이 그 이야기를 잘 풀어갈 수 있습니다. 만약 그 핵심을 알지 못한다면, 그 이야기는 지엽적인 세부 내용들 속에서 길을 잃어버릴 것입니다. 만약 그 세부 사항에 모든 시대와 모든 나라에서 인간의 전생에 걸쳐 있는 가능한 모든 기록들을 (우리가 고찰하고 있는 이야기에서 하는 것처럼) 포함한다면, 길을 잃어버릴 가능성은 매우 큽니다.

그런데 어떻게 그 핵심을 파악할까요? 보통 핵심은 이야기의 마지막에 명확해집니다. 하지만 우리는 아직 이야기의 중간에 있습니다. 그렇다면 어떻게 보편적인 역사가 있을 수 있겠습니까? 이야기하는 사람은 아직 그 이야기의 중간에 있지만, 어떻게 해서든 이야기하는 사람이 그 이야기의 마지막에 대해 확신하게 될 경우에만 보편적인 역사가 가능합니다. 그러한 신념은 필연적으로 동시에 오늘과 내일 기록되고 있는 역사 속에서 특정 방식으로 행동하는 것에 대한 헌신이 될 것입니다.

그리스도의 궁극성에 대해 말하는 것은 총체적인 인간 이야기에 대한 핵심과 관련하여 그러한 신념과 그러한 헌신을 표현하는 것입니다. 보편적인 역사를 쓰는 세속 역사가는 명시적으로나 또는 암시적으로 그러한 신념과 헌신을 표현하고 있습니다. 이것은 비판 받을 수 있는 신념입니다. 이것은 모든 부분적인 관점보다 위에 있는 우월한 관점이 아닙니다. 이것은 연약합니다. 그러나 이것과 관련된 위험 요소를 받아들이지 않으면, 보편적인 역사도 가능하지 않습니다.

이러한 측면에서 자신의 믿음에 대한 역사적 기록을 다루는 기독교 신학자의 방식과 세속 역사가의 방식 사이에는 원리에 있어서 차이가 없습니다. 그 둘 모두 자료에 대한 판단을 내리는 것과 관련된 위험을 감수하고 있습니다. 그러나 그 앞에 있는 모든 것의 의미를 결정하는 '마지막'에 대해서는 서로 다릅니다. '성경을 해석하기 위해 필요한 믿음은 모든 세속 역사가들이 자신의 자료들 다루는 믿음과 원론적으로 다르지 않습니다.'³

그러므로 다시 한 번 그리스도의 종결성에 대해 이야기하는 것은 총체적 역사에 대한 우리의 해석의 실마리로서 그리스도에 대해 이야기하는 것입니다. 이것은 그리스도에 대한 우리의 확신과 현재의 시간에 그리스도를 섬기려는 우리의 헌신이, 우리에게 총체적 인간 역사를 참으로 이해할 수 있는 관점을 부여한다는 것을 함축합니다. 그러므로 이것은 다른 종교 신자들과의 토론뿐만 아니라, 인간의 상황을 이해하고자 하며 우리가 그 일부분에 속하여 계속 진행되는 역사 속에서 책임 있는 역할을 요하는 그런 헌신을 알고자 하는 모든 사람들과 함께 하는 토론과 관련이 있습니다.

종결성에 대한 복음과 기독교(교회의 전통)의 관계

3. 우리는 정확히 무엇에 대해 종결성을 주장하고 있습니까? '기독교'에 대한 종결성은 아닙니다. 아마도 이에 대해 모든 개신교인들은 동의할 것 같습니다. 우리는 1910년 에든버러와 1938년 탐바람 둘 모두에서 (비록 다른 용어이기는 하지만) '기독교'라는 표제 하에 포함된 신념과 관습의 주요점에 대한 어떠한 종류의 종결성도 우리가 주장하지 않았다는 것이 어떻게 명확히 드러날 수 있는지를 보았습니다. 기독교는 믿음, 관습, 단체, 예배의식cultus의 말뭉치로 변화하고 발전하고 있습니다. 기독교라는 말뭉치는 언제나 다른 종교들과 다른 세계관들로부터 계속해서 오는 새로운 요소들을 흡수하고 있습니다. 그러므로 기독교라는 말에서 무엇이 진정한 발전이고 무엇이 왜곡된 발전 아니면 암적인 발전인지를 결정할 수 있는 기준이 필요합니다. 우리는 기독교라는 말에 대해서 종결성을 주장할 수 없습니다.

저는 개신교인들은 아마 이에 대해 동의할 것이라고 말했습니다.

로마 가톨릭이 그렇게 동의할지는 분명치 않습니다. 에클레시암 수암 회칙에서(이것에 대한 참고 문헌은 이미 만들어졌다), 교황은 동심원 같은 종교들에 대한 그림을 소개하면서 다음과 같이 말했습니다. '우리는 그 상황이 하나님께서 우리를 위치시키신 원의 중심점 주변에 일련의 동심원들이 구성되는 것으로 묘사될 수 있으리라 생각합니다.' 이 문장은 전체적으로 그 회칙에서 가르치는 것을 간결하게 요약합니다. 다시 말해, 이것은 그 선두에서 교황이 함께하는 로마 가톨릭 교회가 다른 종교적 믿음들을 이해하고 평가하는 기준이라는 것입니다. 이것은 가능한 알기 쉽게 로마 가톨릭 교회의 종결성을 가르치는 것처럼 보이고, 또한 이것은 개혁의 개념을 '교회의 본질적인 개념이나 그 기본적 구조(p.24)'에 적용할 수 있다는 생각에 대한 경고를 포함합니다. 그러나 잘 알려진 것처럼, 로마 가톨릭 교회 안의 다른 목소리들은 훨씬 더 근본적인 의미에서 개혁의 가능성에 대해 말하고 있습니다.

그럼에도 불구하고 (그리고 이것은 모든 기독교인들에 굉장히 중요한 문제입니다), 그 어떤 경험적인 표명에서도 개신교인들은 기독교에 대한 종결성을 주장하지 않는다고 말하는 것이 안전합니다. 다만 개신교인들은 그리스도에 대해서 종결성을 주장합니다. 그러나 기독교를 대표하는 주장으로부터 구별할 때, 이러한 주장이 의미하는 바는 무엇입니까? 그리스도와 기독교 또는 복음과 기독교를 철저히 나누는 것이 함축하는 바는 무엇입니까? 복음과 기독교의 구분에 대해 가장 널리 알려진 진술이 탐바람 대회에서 목격되었습니다. 또 교회가 선교 사역의 중심이며, 사실 복음의 일부라고 주장하는 모임이 동일한 탐바람 대회였다는 것은 역사의 작은 아이러니 중의 하나입니다. 탐바람 대회 이전에는 선교에서 교회의 지위를 거의 부여하지 않았고, 하나님의 나라에 대해 더 많이 말하는 경향이 있었다는 것은 잘 알려진 사실입니다. 탐바람은 단호하게 그리고 의도적으로 교회에 대한 생각을 다른 방향으로 돌렸고, 교회를 선교 사역에 대한 사고의 중심으로 만들었습니다. 그러므로 탐바람에서의 토론은 다음과 같은 질문을 제기하기 위한 좋은 시작점입니다. 기독교와 복음을 분리하는 것에는 정확히 무엇이 관련되어 있는가?

(a) 저는 크래머에 의해 형성된 복음과 기독교 사이의 구분과 유사하게, 믿음과 실천의 총체적인 체계로서의 힌두교와 독실한 힌두교인의 믿음 사이의 구분이 또한 형성된다는 호그의 주장을 이미 언급했습니다. 이것에 대한 응답에서 크래머는 별다른 어려움 없이 이것은 진정한 유비類比가 아님을 보여주었습니다. 왜냐하면 그가 종결성으로 주장했던 것은 독실한 기독교인의 믿음이 아니라 복음, 즉 예수 그리스도와 성육신, 십자가에 못 박히심, 부활하심 속에 나타난 하나님의 유일하고 결정적인 자기 계시의 메시지였기 때문입니다.

(b) 크래머의 이 대답은 우리가 이미 본 바와 같이 비판에 열려있고, 우리는 지금 그 비판을 더 발전시켜야 합니다. 계시와 믿음을 완전히 나누는 것은 불가능합니다. 왜냐하면 계시를 파악하는 믿음이 없다면, 계시 또한 존재하지 않기 때문입니다. 계시는 하나님께서 자신이 인간과 실제적으로 의사소통하실 때 발생하고, 그 의사소통은 인간이 응답하는 경우에만 발생합니다. 결정적인 계시는 인간의 믿음의 응답 없이 완전히 설명될 수 없습니다. 게다가 이 지점에서 우리는

다시 역사가의 이야기를 들어야 합니다. 저는 이미 역사가들이 이른바 '사실'과 그것의 해석을 완전히 분리할 수 없다는 사실에 주목했습니다. '역사에 대한 사실'은 증거에 대한 하나의 해석입니다. '그리스도에 대한 사실'(저의 오랜 은사이신 카네기 심슨Carnegie Simpson 박사가 즐겨 사용한 구절)은 사도들에 의해 해석된 예수의 삶과 죽음 그리고 부활입니다. 그들의 믿음을 따로 떼어내면, 바로 그 예수의 이름은 우리에게 알려지지 않았을 것이고, 우리가 믿는 '그리스도에 대한 사실'은 존재하지 않았을 것입니다. 역사 속 다른 사실들처럼, 그리스도에 대한 사실은 이것의 중요성에 대한 현대인들의 판단 때문에 지금 우리가 이용 가능한 것입니다. '사실'은 판단으로부터 분리되어 존재할 수 없습니다. 비록 그 판단이 항상 우리의 비판적 검토의 대상이라 할지라도 말이죠. E. H. 카의 역사의 성격에 대한 정의는 또한 기독교인의 신학적 사고의 작업에도 다음과 같이 적용될 수 있습니다. 신학적 사고는 오늘날의 신자들과 처음 신자들인 사도들 사이의 끊임없는 대화입니다.

(c) 그리스도의 종결성을 주장한다는 것은 이 삶과 죽음과 부활 속에 하나님 자신이 전무후무한 방식으로 현존하고 계셨고, 그런 까닭에 만물의 의미와 기원과 그 종말이 드러나게 되었다는 사도들의 판단을 지지하는 것입니다. 그리고 이러한 판단을 내릴 때 사도들과 같이 참여하는 것입니다.

이는 하나님께서 모든 시간과 공간에서 항상 그 자신을 드러내고 계신 반면, 이 특정 시간과 장소에 우연하게 그것을 인식하고 응답한 사람들이 있었음을 의미하지 않습니다. 그것은 그리스도가 아니라 사도들에 대한 유일성을 주장하는 셈이 될 것입니다. 만약 이것이 그리스도에 관한 사실을 가지고 우리가 의미하는 모든 것이라면, 우리는 이에 대해 종결성을 주장할 수 없을 것입니다. 왜냐하면 우리는 다른 시대와 장소의 다른 사람들로부터 훨씬 더 적절한 응답을 기대할 수도 있기 때문입니다. 사도들의 증언에 기초한 기독교인의 믿음은 어떤 의미에서 통일성이 있는 역사의 전 흐름에서 이것이 결정적인 지점, 전환점이라는 것입니다. 그리고 이 전환점에서 그 사건과 그 사건에 대한 진정한 해석 둘 모두가 (하나님이 지배하시는overruling 활동에 의해) 가능해졌습니다. 우리가 '그리스도에 관한 사실'을 가지고 의미하려고 하는 것의 핵심은, 하나님께서 인류와 오랫동안 인내로써 하신 씨름에서 이 시간과 장소가 준비되었고, 이 민족이 예비 되었으며, 이 사람들이 이 유일하고 결정적인 사건의 증인들과 해석자들이 되게끔 선택되고 훈련되었다는 것입니다.

(d) 저는 그리스도의 궁극성에 대해 이야기하는 것은 그리스도에 관한 사도들의 증언을 지지하는 것이라고 말했습니다. 그러나 지금 더 나아간 지점을 만들어야 합니다. 우리는 고고학자가 멀리 떨어져 오랜 동안 묻혀 있던 문명에 대해 배우는 방식으로는 사도들의 증언에 대해 알 수는 없습니다.

사도들의 글은 계속해서 소중하게 여겨지고, 재생산되고, 연구되고, 자세히 설명되고, 해석되고, 그리고 변화하는 상황에 맞게 적용되어 왔으며, 이러한 사도들의 글을 가진 공동체에 의해 전통이 전승되어 왔습니다. 그리고 우리가 이러한 전통의 일부분이 되었기 때문에 우리는 사도들의 증언을 알 수 있습니다.

이 전통은 이렇게 살아있는 일부분으로서 의심할 수 없이 변하고 있지만, 또한 그리스도의 종결성에 대해 우리가 이야기하는 지속되는 전통입니다. 이것이 없다면, 사도들의 증언은 우리 자신의 현재 경험에서 중요한 사실이 아닐 것입니다. 예를 들면, 모헨조다로Mohenjo Daro 문명의 역사에서나 페루의 잉카 문명에서 일어난 몇몇 사건들이 인류 역사의 결정적인 전환점이었다고 주장하는 것은 의미가 없을 것입니다. 그것들은 우리의 현재 경험과 어떠한 방식으로도 연관되어 있지 않습니다. 그리스도에 관한 사실이 모든 인류에게 결정적이라는 주장은 그것이 사도들의 증언한 전통에 의해 살아가는 공동체의 삶에서 해석되는 때를 제외하고는 의미 없는 주장입니다. 그러므로 복음과 '기독교' 사이의 완전한 분리는 있을 수 없습니다. 그리스도에 대한 종결성을 주장하는 것은 **어떤 의미에서는** 교회에 대해 역사 속 결정적인 역할로 주장하는 것을 의미합니다.

이 명백한 질문, 즉 '어떤 의미에서인가?'에 대한 답은 그리스도와 그의 교회로의 개종에 대해 이야기하게 될 때 발전되어야 할 것입니다. 하지만 여기에서 다음의 지점이 만들어져야 합니다. 이후의 모든 발전을 판단하고 변형들을 정정하기 위한 규범을 제공하기 위해 최초의 사도의 증언이 교회 생활의 중심에 영구히 남아 있습니다. 발전이 있었음이 틀림없습니다. 최초의 말들을 단순히 계속해서 되풀이하는 것은 불가능합니다. 우선 최초의 증언들은 번역되어야 하고, 모든 번역은 그 의미를 변화시킵니다. 그런 다음 그 증언들은 새로운 상황에 맞게 재해석되어야 합니다. 재해석 작업이 이루어지는 바로 그 활력과 용기에 의해서 종결성에 대한 주장이 인간 역사의 현실적 과정에서 좋은 것이 됩니다. 오직 교회가 새로운 인간의 상황에 직면하여 최초의 증언을 재해석하는 대담함을 지닐 때에만, 종결성에 대한 주장을 분명하고 효과 있게 만들 수 있습니다. 재해석에는 항상 위험이 따릅니다만, 위험을 회피하는 것은 늘 재난을 자초하는 것을 의미합니다. 혼합주의syncretism만이 교회가 경계해야 하는 위험은 아닙니다. 신약성경은 동일하게 정확히 그 반대의 위험, 즉 주님께서 돌아오실 때까지 달란트를 쓸모없는 안전장치 안에다 보호하기 위해 수건에 쌓아둠으로서 위험을 회피하려 하는 소심함의 위험에 대해 경고합니다. 필수적이면서 위험하기도 한 이 재해석의 작업에서, 교회는 사도들이 최초에 증언한 방식means에 의해 그 태도를 취해야 합니다. 이것은 발전에 대한 규범으로서, 그리고 지나가는 시대에 유행하는 사상에 순응하여 삶과 메시지가 왜곡될 때 개혁의 원천으로서, 그리고 너무 많이 신중함으로 또 세상으로부터 잘못된 고립으로 삶이 숨 막힐 때 회복의 원천으로서 역할을 합니다.

(e) 주님으로서 예수님에 대한 사도들의 증언은 사도들 자신들이 무지할 수밖에 없었던 문제들에 관한 예수님의 종결성을 주장한 것입니다. 사도들은 불교나 힌두교에 대해서는 전혀 몰랐지만, 우리가 구원을 얻을 수 있는 것은 하늘 아래 오직 예수의 이름뿐이라고 주장하였습니다. 사도들은 20세기 후반에 우리가 보고 있는 인류의 미래에 대해서는 아무것도 알지 못했습니다. 그러나 사도들은 예수가 알파요 오메가이며, 모든 것의 시작이며 마침이라고 고백했습니다.

이 점에서 기독교인의 믿음은 역사가의 판단뿐만 아니라 자연 과학자나 수학자의 일반화와도 유사합니다. 과학 및 수학의 위대한 정리들처럼, 기독교인의 믿음이 만약 참되다면 그 믿음에 대해 처음 진술한 사람이 인지했던 것보다 훨씬 더 많은 것을 함축하고 있습니다. 이것의 진리는 이것을 처음 진술한 사람의 지평보다 멀리 멀리 너머에 있는 발견들에 의해 확인될 것입니다. 이것은 부정적으로 그리고 긍정적으로 진술될 수 있는 함축을 가지고 있습니다.

(i) 부정적으로 이것은 그리스도 안에 있는 믿음이 신자들에게 새로운 발견의 필요성으로부터 면제해 주는 인간 역사에 대한 총체적인 그림을 제공하지 않는다는 것을 의미합니다. 신자들은 성경에서 주어진 자료에서 창조로부터 완성에 이르기까지의 세계 역사의 도표를 읽어 내릴 입장에 서있지 않습니다. 이것은 기독교인들이 자주 오해하는 점입니다. 기원으로부터 종말에 이르는 이 세계에 관한 이야기를 하는 성경에는 보편적인 역사에 관한 참된 의미가 있습니다. 그러나 태초와 종말에 대한 성경의 이야기는 전체의 실마리가 그 중심에서 발견된다는 믿음을 풍부한 상상력과 비유적인 방식으로 선언한 것입니다. 그리고 인간 역사뿐만 아니라 우주적인 역사의 (성경은 우리가 이러한 개념으로 작업하기를 요구합니다) 기원과 마지막이 하나님께서 결정적으로 행동하심으로 인해, 하나님의 성품과 의도를 드러내신 일련의 사건들이란 측면에서 이해되어야 한다는 믿음을 풍부한 상상력과 비유적인 방식으로 선언한 것입니다.

(ii) 긍정적으로는 다음과 같은 방식으로 그 주장을 진술할 수 있습니다. 그리스도를 주님으로 모시며 헌신하는 친교 속에서 살아가는 공동체는, 설령 역사의 과정에 대한 세부적인 지도가 주어지지 않는다 할지라도, 믿음으로 인간 역사의 분투에 헛되지 않게 참여하는 것

이 가능합니다.

이 문제를 다른 방식으로 다루면, 그리스도께 대한 믿음으로부터 오는 이같은 역사 속 행동에 대한 헌신은 (앞을 내다볼 수 없는 어마어마한 인간 상황의 모든 변화, 최초의 사도들은 절대 상상할 수 없었던 변화 속에서) 많은 열매로, 창조적인 것으로, 건설적인 것으로 발견될 것입니다.

그래서 이 주장은 분명히 기독교가 종결적인 것은 아니라는 것입니다. 사도들의 증언에 기초한 그리스도께 헌신한 공동체의 함께하는 생활에 참여함으로써, 인간 역사에서 하나님의 일을 올바르게 해석하는 것이 가능하고, 그럼으로써 역사 속 건설적인 행동에 올바르게 헌신하는 것이 가능합니다. 이야기의 마지막에서, 이것이 참이었으며 타당한 것이었고 적합한 헌신이었음을 보게 될 것이라는 주장입니다.

그리스도의 종결성: 보편사 해석의 실마리

4. 그런데 그리스도에 대한 믿음에 기초해서 우리는 정말로 역사를 해석할 수 있습니까? 그렇게 할 수 있다는 주장에 반대하여 인용될 수 있는 많은 우울한 증거들이 있습니다. 오래 전부터 오늘 날까지도 모든 괴팍한 사람들과 모든 광신적인 모든 사람들은 자신들이 하나님께서 이 시대의 역사 가운데 하시는 일이 무엇인지를 정확히 이해하고 있다고 주장합니다. 또 다니엘서와 계시록을 파고드는 모든 학생들은 1970년대의 사건들을 예언한다고 주장합니다. 1930년대의 독일 기독교인들은 나치 운동이 일어나는 것을 독일 사람들을 대신하는 하나님의 정결케 하시는 활동으로 자신 있게 해석하였습니다. 나치 지

배의 끔찍한 경험을 살펴본 사람들이나 다른 사람들도 또한, 기독교인들이 현대의 정치적, 문화적, 기술적 혁명 속에서 하나님께서 하시는 일이 무엇인지 알고 있다고 주장하는 것을 들을 때, 놀라움을 표현하는 것은 당연한 일입니다.

이 놀라움에 근거가 있다고 인정할 수 있습니다만, 그럼에도 다음과 같은 질문을 해야 합니다. 하나님께서 이 시대에 세속적 사건들 속에서 하시는 일이 무엇인지 해석하려는 일을 우리는 어떻게 **거부**할 수 있을까? 만약 우리가 거부한다면, 우리는 선지자들과 예수님 자신을 분리해야 할 것입니다. 선지자들 메시지의 바로 그 핵심은 살아계신 하나님의 목적의 측면에서 자신들의 시대에 벌어진 사건들(전쟁, 노예화, 해방, 가뭄, 전염병과 기근)에 대한 선지자들의 영감 받은 해석이었습니다. 예수께서 자신의 이야기를 듣는 사람들에게 하늘과 바람의 변화를 분간하는 interpret 방법을 아는 것처럼 시대의 징후도 분간해야 discern 한다고 반복해서 말씀하신 것으로 보입니다. 그렇다면, 이 작업의 위험이 무엇이든지 간에, 우리가 이를 포기하는 것이 허용될까요?

더구나, 그 대안은 무엇입니까? 만약 제가 어떤 방식으로든 이 시대의 공적인 삶에 참여하는 일에 헌신한다면, 무엇이 일어나고 있고, 무엇이 문제이며, 어떤 힘이 그 일에 작용하는지에 대한 어떤 해석에 기초해야 합니다. 만약 제가 어떤 해석도 시도하기를 거절한다면, 어떠한 헌신도 피해야 하고 제 개인 경력을 깨끗이 유지하는 것으로 제 자신을 가두어야 합니다. — 악이 가득한 세상에서 그러한 것이 가능하다면 말이죠. 만약 제가 저런 직무 유기를 거부하고 공적 영역에서의 행동에 제 자신을 헌신하려 한다면, 예수 그리스도께 대한 제 믿음이 아니고서 제가 어디에서 지침guideline을 찾을 수 있겠습니까?

에큐메니컬 리뷰Ecumenical Review의 최근 토론은 아시아에서의 상황과 관련하여 매우 날카롭게 이 문제에 초점을 맞추었습니다. 울프H. H. Wolf 박사는 독일 신학의 투쟁에 대한 자신의 경험을 끌어 오면서, 아시아 종교의 르네상스와 오늘날 아시아 현장을 지배하는 다수의 혁명에서 하나님의 일을 분간하는 것에 대해 토마스M. M. Thomas가 사용한 그 언어에 대해 심각하게 질문합니다. 울프 박사의 근심은 이해할만합니다. 그러나 토마스 씨의 응답도 또한 정당합니다. 현재 역사를 해석하기 위해 노력하는 지점에서, 기독교인은 단순히 진공상태로 남아 있을 수는 없습니다.[4] 만약 역사가 무의미한 사건의 뒤섞임이 아니라면, 만약 하나님께서 그 안에 어떤 목적을 만들어내고 계시다면, 그분께서 하시고 있는 일을 해석하기 (비록 매우 겸손하고 잠정적이고 임시적인 용어만으로 하는 것일지라도) 위한 노력이 필수적입니다. 만약 우리가 어디에서 행동해야 하고, 어디에서 권력을 휘둘러야 하며, 어디에 헌신해야 하는지를 알고자 한다면, 우리는 다음의 질문에 대한 어떤 임시적인 답변이 있어야 합니다. 일하시는 하나님은 어디에 계시는가, 그리고 악마는 어디에 있는가?

아마도 우리에게 가장 큰 유혹은 다음과 같은 점에 있을 것입니다. 하나님께서 일하신다는 믿음을 어떤 운동이 성공적으로 보이는 곳에 하나님께서 일하심이 틀림없다는 명제로 번역하기는 사실 쉽습니다. 쉽게 생각 볼 수 있는 예로 (적어도 뒤늦게 깨달은 덕분에) 다음과 같은 치명적인 실수가 있습니다. 예를 들면, 많은 서양 개신교인들이 전 세계에 걸친 서양의 힘의 확산과 그로인한 선교 일을 위한 기회의 확대를 하나님이 활동하시는 표시라고 간주하며 확언했던 일입니다. 다른 비슷한 확신들은 우리 시대와 더 가깝기 때문에 더 논쟁의 여지가 많을 것입니다. 명백히 매우 그럴듯한 유혹이 여기에 있습니다. 게다가 하나님이 우리 편이라는 확신이 어떤 운동에든 타의 추종을 불허하는 열의와 활력을 부여할 수 있다는 것을 누구도 부인할 수 없습니다.

이러한 위험들을 인식할 때, 하나님께서 역사에서 자신의 목적을 만들어가고 계시며, 이 목적에 대한 실마리를 예수 그리스도 안에서 찾을 수 있다는 믿음에 우리는 어떤 실제적인 내용을 줄 수 있습니까? 어떻게 우리는 역사에서 하나님의 행동을 해석하고 그래서 우리 자신을 순종적인 동반자 관계에 헌신케 하는 것을 배울 수 있습니까?

이 어려운 문제에 대해 저는 다음과 같은 기독교적 주장의 3중 진술을 제시할 것입니다.

(a) 예수 그리스도 안에 드러나 있는 이것은 존재하는 모든 것이 기인된 바로 그 성품과 뜻입니다. 하나님의 성령의 역사로 그리스도의 십자가 앞에 서서 그것에 관한 사도적인 증언에 아멘으로 답하는 신자들에게 이것은 그때부터 다른 모든 것을 판단하는 헌신입니다. 이것은 개인의 총체적인 경험으로부터 발생하고, 이것을 신약성경에서는 새로 태어남이라 부르며, 이로부터 다른 모든 헌신들을 버리게 되고 동일한 약속을 공유하는 사람들과의 친교 속에서 완전히 남김없이 예수 그리스도께 헌신하게 됩니다.

이러한 헌신을 한 사람에게 예수 그리스도 안에 있는 하나님의 드러내심은 모든 역사적 사건들에 대한 자신의 해석에 결정적인 것입니다. 하나님의 책임 있는 자녀로 자유롭게 되는 사람들을 보는 곳 어디에서나, 개인과 개인 그리고 사람들과 사람들 사이의 상호 책임이 성장함을 보는 곳 어디에서나, 사람들의 삶에 비쳐진 예수 그리스도의 성품에 대한 증거를 보는 곳 어디에서나, 하나님께서 역사하고 계시며 하나님의 동역자로서 부름 받았다고 결론 내릴 것입니다. 심지어 그리스도의 이름이 인정되지 않는 곳에서 조차도 말입니다. 대조적으로 정반대 과정의 역사가 있고 인간이 노예화되고 있으며 상호 책임이 거부되며 그리스도의 성품에 반대되는 것들이 사람들에게서 나옴을 보는 곳 어디에서나 사탄이 역사함을 인식하고, 이에 저항하도록 부름 받았음을 알 것입니다.

예수 그리스도는 유일한 기준입니다. 여기서 우리는 바르멘 선언 Barmen Declaration을 우리의 입장으로 삼아야 할 것입니다. 일단 그리스도를 알게 되면 계시의 다른 원천은 없습니다.

(b) 인간 역사의 한가운데서 이러한 하나님의 성품과 뜻은 성공이 아니라 거부에 의해서 드러납니다. 예수는 십자가에 못 박히십니다. 그분의 교회는 박해 받습니다. 그분을 따르는 사람들은 고난 받고 버림당하고 죽는 것이 약속되어 있습니다. 하나님께 대해 신실한 것과 역사 속에서 성공하는 것 사이에는 단연코 어떠한 등식도 존재하지 않습니다. 그리스도를 따른다는 것은 자기를 부인하고 십자가를 받아들이는 것을 의미합니다. 그러므로 역사 속에서 그러한 행동에 자신을 헌신하는 기독교인은 자신이나 자신이 지지하는 이유가 배척당할 때, 방향을 바꾸게 되거나 좌절하게 되지 않을 것입니다. 이것을 역사의 재료인 사람에 대한 하나님의 분투에 참여하는 것의 일부분으로 받아들일 것입니다.

(c) 그러나 이것이 최종적인 말은 아닙니다. 만약 그러하다면 기독교의 제자도는 역사로부터의 도피일 수밖에 없습니다. 예수님께서는 죽음 가운데서 일어나셨습니다. 그 무덤은 비어 있습니다. 예수님은 권세를 가지신 하나님의 아들로 선포됩니다. 이것은 우리가 역사적 사실, 즉 증거의 판단이라 말할 수 있는 유일한 의미의 역사적 사실입니다. 기독교인은 이 판단이 모든 역사 이해에 결정적이라는 것, 전체 이야기의 의미가 드러나는 지점이라는 것, 그런 까닭에 전체적인 이야기는 이 지점에서부터 이해되어야 한다는 것을 믿습니다.

이 주장들이 제기하는 아주 커다란 문제들을 인식하는 한편, 만약 우리가 부활을 예수에 대한 역사 속 사건이 아닌 오직 제자들의 내적이고 영적인 역사의 사건으로 만들면서, 이 지점에서 내적인 것과 외적인 것의 이분법으로 후퇴한다면, 예수가 역사에 대한 실마리라고 주장할 가능성을 버리는 것이라고 생각합니다.

그분의 부활에 대한 믿음 때문에, 기독교인들은 패배가 승리가 된다는 것을 기대할 것이고 발견할 것입니다. 즉, 인간의 어리석음과 사악함이 끔찍하게 승리하는 한복판에서조차, 하나님의 승리에 대한 증거들이 계속해서 다가올 것(믿음의 눈에 나타날 것)입니다. '믿음의 눈에 나타납니다.' 부활 그 자체처럼, 세상의 삶에서 하나님의 승리에 대한 이 증거들은 (자신의 개인적인 판단에 상관없이 어떤 개인에게 불가항력적으로 입증될 수 있는 '사실들'이 아니라) 예수님의 부활에서 하나님의 결정적 행동을 인지하는 믿음의 판단에 대해 확인하는 것들일 것입니다. 예수님이 종결적이라는 주장은 이야기의 마지막에서 이 판단이 참된 판단이며, 역사에 대한 참된 해석이고, 또한 궁극적으로 중요한 행동이 되는 그 판단에 헌신함에서부터 나오는 행동이라는 주장입니다.

저는 우리가 한 걸음 더 나아갈 수 있다고 생각합니다. 기독교인이 인간 역사의 과정을 되돌아봄으로써, 그것이 학자들의 작업에 의해 펼쳐짐으로써, 그리고 훨씬 더 광대한 우주 역사의 과정에 대해 생물학자, 고생물학자, 그리고 천문학자들에 의해 판독되어짐으로써, 그리고 예수 그리스도 안에서 하나님의 계시의 관점에서 해석하기를 추구함으로써, 성경이 자신에게 제공하는 이해들을 확증하는 표지들을 봅니다. 즉 자연에 대한 인간의 통달함의 증대와 모든 인간들 간의 상호 의존의 증대, 그리고 더 넓은 영역에서의 자유와 그에 따른 책임의 증대에 대한 이해들을 확증하는 표지들을 봅니다. 미래를 바라볼 때, 기독교인은 그 해석의 열쇠로서 다음과 같은 십자가와 부활의 패턴을 봅니다. 하나님의 사랑에 대한 인간의 거부, 하나님이 주신 자유와 힘을 더 크게 사용할수록 더 처참하게 하나님께 반역하게 되는 자유와 힘의 남용, 그러나 인간의 반역을 승리의 수단으로 사용하시는 하나님의 무한한 권능과 지략, 적그리스도와 천년왕국에 대한 신약성경 속 인물들의 형태로 세계 역사의 화면에 투사된 십자가와 부활의 패턴, 이 세상 안에서$_{in}$와 이 세상 너머에서$_{over}$ (비록 '안에서'와 '너머에서' 사이의 관계가 여전히 우리에게 감추어져 있지만) 하나님의 승리에 대한 궁극적인 확신.

그리스도의 종결성에 대해 주장하는 것은 이것이 역사에 대한 참된 실마리라고 주장하는 것입니다. 그러므로 참된 역사 해석으로부터 오는 관점은 지금 역사에서 하나님을 섬기는 일에 적합하게 헌신될 가능성을 갖습니다.

개종의 문제로

5. 예수 그리스도를 통하여 하나님을 섬기는 일에 헌신한다고 말하는 것은 개종의 문제에 접근하는 것입니다. 이러한 의미에서 그리스도에 대한 종결성을 주장하는 것은 궁극적인 충성에 대한 다른 주장들을 저버리고 그분께 회심하도록 사람들을 부르시는 것을 함축합니다. 이것은 종결성에 대한 주장이 실제적이고 위협적이 되는 지점입니다. 이것은 예수의 종결성에 대한 주장에 대해 제기된 오만한 혐의가 가장 집요해지는 지점입니다. 우리가 보게 되겠지만, 이것은 또한 우리가 토론해온 그 세부적인 문제들, 즉 복음과 타종교들 사이의 연속과 불연속의 문제, 종결성이 주장되는 것들에서 교회의 위치에 대한 문제, 그리고 세속 세계에서 행동하는 문제와 종결성을 주장하는 것과의 관계, 이러한 문제들이 가장 날카로운 형식을 띠게 되는 그런 지점입니다. 예수님의 종결성에 대한 기독교적 주장이 의미하는 것에 대한 토론은 개종의 문제를 다루지 않고서는 끝낼 수 없습니다.

05 개종

개종 문제의 어려움

개종은 인기 있는 단어는 아닙니다. 어떤 사람에게 자신의 종교적 충성을 바꾸도록 설득할 때, 이러한 노력에 대해 개탄하는 굉장히 예민한 영혼들이 많이 있습니다. 이러한 느낌이 드는 이유 중 하나는 이러한 변화를 위해 부당한 수단을 종종 사용해 왔다는 의혹 때문입니다. 사람들이 종교적 소속을 바꾸도록 설득하고 강요하기 위해 물리적 수단을 사용하는 것에 대해 어떤 비열함을 느끼는 것은 마땅한 감정입니다. 그리고 이러한 개종 전략에 반대하는 사람은 늘 예의바른 사람으로 인정을 받을 것입니다. 그러나 모든 부당한 설득 수단을 제거한다고 해도 (애석하게도, 부당한 수단들이 제거되지 않았다고 말해질 것이 확실합니다.) 많은 사람들은 여전히 누군가의 종교적 소속을 개종시키려는 모든 시도는 그 자체로도 무언가 바람직하지 않다고 느낄 것입니다. 개종주의proselytism(자신의 신앙을 바꾼 개종자들을 얻는 사업)는 거의 보편적으로 비난을 받습니다. '개종주의'와 '복음 전파evangelism' 사이에 무엇이 정확한 차이인지에 대해 명확한 점이 거의 없더라도 말이죠. 그리고 이 문제에 대한 많은 토론 끝에 나온 유일하게 유효한workable 구분은 복음 전파는 우리가 하는 것이고 개종주의는 다른 사람들이 하는 것이라고 결론짓는 경향입니다.

개종의 문제에 관한 전통적인 힌두교인들의 입장은 잘 알려져 있습니다. '실재는 하나이고, 현자들은 그것을 여러 가지 이름으로 부른다.' 진실한 힌두교인은 기독교인이나 무슬림들에게 힌두교인이 되라고 강권하기보다는 기독교인이나 무슬림들이 더 나은 기독교인, 더 나은 무슬림이 되기 위해 힘쓰라고 충고할 것입니다. 이것이 힌두교인의 최선입니다. 이러한 태도는, 다양한 종교들로부터 각기 다른 이름을 부여받은 실재는 사실 동일한 것이고 특별한 경우를 제외하면 자신이 몸담은 종교와 문화에서 준비된 길을 따라 실재를 추구하는 것이 더 낫다는 근본적인 믿음에 기초해 있습니다.

그런데 서구 세계에서도 이와 유사한 입장이 매우 흔합니다. 이것은 가장 영향력 있는 그룹들(가톨릭과 개신교 모두)에서 기술 개발에 대한 선교사들의 역할은 강조하고, 자신들의 주된 목적이 다른 종교적 믿음으로부터 기독교회로 개종자들을 얻는 것이라는 모든 주장에 반대하는 것이 지금은 일반적입니다. 열정적인 서구의 성직자들은 그러한 노력을 강하게 개탄할 것이며, 힌두교인이나 무슬림들을 기독교인이 되도록 설득하는 것보다 훨씬 더 중요한 일들이 많이 있다고 주장할 것입니다.

만약 이러한 태도에 대해 정확한 이유를 제시하고자 한다면, 다음과 같은 내용이 임시적인 진술로서 제시될 수 있을 것입니다.

(a) 모든 종교들 뒤에 있는 실재가 동일하다는 힌두교인의 관점은 의식적으로나 무의식적으로 이 태도의 바탕에 매우 공통적으로 깔려 있다.

(b) 두 번째로, 종교는 우선 내적 믿음의 문제이며, 종교 집단이나 단체의 지위확대aggrandisement를 추구하는 것은 고등 종교에 적합하지

않다는 확신이 있다. 힌두교인이 세례를 받아 자기 주변인들과의 유대가 깨지는 일 없이는 예수 그리스도를 진실하게 따르는 자가 될 수 없는가? 수많은 교인들church members의 믿음보다 교회 밖에 있는 자신의 기독교적 믿음이 훨씬 더 실제적인real 수많은 독실하고 진실한 신자들의 예가 있지 않은가?

(c) 세 번째로, 오늘날 세계에는 개종과 관련된 문제들, 말하자면 힌두교에서 기독교로의 개종 같은 문제들보다 더 중요한 문제들이 많이 있다는 확신이 있다. 하나님의 통치, 즉 세상에서의 하나님의 뜻을 행한다는 관점에서 볼 때, 전쟁과 평화, 사회 정의, 인종 간의 화합, 결혼의 고결함과 같은 더 큰 문제들과 이런 비슷한 문제들에 대해 인간이 올바른 입장을 취하는 것이, 다른 종교적인 믿음으로부터 기독교회로 자신의 헌신을 바꾸도록 설득하는 것보다 훨씬 더 중요한 것이 아니겠는가?

위의 세 가지 신념들은 앞의 장들에서 우리가 진행해 온 토론의 주요 지점들을 정확하게 건드리고 있습니다. 첫 번째 세 개의 장에서 토론한 모든 문제들은 개종에 대한 이 지점에 날카롭게 초점을 맞추고 있습니다. 이 지점에서 그것들은 학문적인 질문들이 아니라 매우 실제적이고 정말로 고통스런 질문들이 됩니다. 그래서

(a) 기독교적 믿음과 다른 믿음들 사이의 연속과 불연속의 문제는 이 지점에서 핵심을 찌르는 문제입니다. 개종은 진정한 불연속을 함축합니다. 이는 개종자가 저버린 믿음에 대한 매우 날카로운 방식의 부정적인 판단을 함축합니다. 개종자가 궁극적으로 무엇을 생각하게 되더라도 그 순간 자신의 행동은, 과거의 믿음은 하나님께 가는 길이

아님을 함축합니다(적어도 자신에게는 있어서는).

(b) 교회가 종결성이 주장되는 것들에 속한다는 의미가 지닌 문제는 개종이라는 점에서 핵심을 찌르는 문제가 됩니다. 세례를 받고 교회에 등록하게 되는 순간, 개종자는 실제로 자신이 예수 그리스도 안에 있는 하나님의 계시의 종결성을 믿을 뿐만 아니라, 그 계시에 대한 응답의 일부로서 공동체의 필요성에 대해 고백합니다.

(c) 그리스도와 인류의 세속적 역사와의 관계에 대한 문제는 개종의 지점에서 초점이 맞춰집니다. 개종은 항상 윤리적인 내용을 가지고 있습니다. 이것은 새로운 공동체에 가입하는 것일 뿐만 아니라 새로운 행동 방식을 받아들이는 것과도 관련됩니다. 개종은 하나님의 뜻을 행함과, 세계 역사의 이 특정 시점에서 그분의 통치의 실현과 관련되는 새로운 행동 방식을 개종자가 받아들이는 것을 함축합니다.

모든 개종은 그때 당시의 교회 생활과 개종자의 경험에 의해 형성된 특정한 사건 사건입니다. 교회가 너무 부패하여, 다른 신앙에 대해 잘못된 판단을 내리며, 그 공동체는 이기적이어서 구제 불능한 공동체이며, 행동 방식은 대체로 그 역사의 순간에 하나님께서 의도하신 참된 목적과 무관한 것일 수 있습니다. 그러므로 개종에 대해 무언가 말해진다면, 그것은 계시 자체의 판단 대상이 되어야 합니다. 교회 생활의 다른 모든 것들과 마찬가지로 그것은 성경의 기준에 복종해야만 합니다. 그러므로 이 장에서 우리는 이제까지 언급한 세 가지 점들을 염두에 두고, 신약성경에서 개종이 의미하는 바가 무엇인지 볼 것입니다. (예수 그리스도 안에 있는 하나님의 계시에 비추어 이 문제에 답하는 방식을 늘 추구하면서) 우리는 어떤 종류의 개종이 이 계시에 대한 적절한 응답인지를 물어볼 것입니다. 그리고 (더 정확하게) 세 가지 요소들, 즉 내적인 종교적 경험, 공동체에 대한 헌신, 어떤 행동 방식의 수용에 대한 개종의 전체적 사실 속에서의 그 상호 관계가 무엇인지 물어볼 것입니다.

회심(개종)과 회개

사복음서 모두에 따르면, 예수님의 사역은 이스라엘을 향하여 급진적인 회개와 회심을 요구하는 세례 요한의 출현으로 시작되었습니다. 자신이 그 세례를 받으심으로써 예수님께서는 스스로 이 공동 회개로의 부르심의 일부가 되셨고, 이 일에서 그 자신의 사역이 시작되었습니다. 더구나 나중에 자신이 가진 권위의 원천에 대한 도전을 받으셨을 때, 예수님께서는 참된 권위를 알아볼 수 있는 사람인지 여부를 판정할 수 있는 시험으로 요한의 세례를 이용하셨습니다(마가복음 11:27 이하). 네 번째 복음서에 따르면, 예수님께서 유대인의 장로 중 한 사람에게 물과 성령의 세례가 없으면 하나님의 나라를 볼 수 없다고 말씀하셨습니다. 이것은 아마도 같은 것을 말하는 또 다른 방식일 것입니다. 세례 행위로 유명해진 요한의 회심 요청은 예수님의 사역을 위한 근본적인 것이었습니다.

요한의 세례와 설교는 선지자들의 설교 선상에 있는 것이었습니다. 회개에 대한 요한의 요청에서, 그리고 그에 동반되는 외적 표지sign에서, 사람들은 진정한 선지자적 표시marks를 알아보았습니다. 선지자들의 말의 바로 그 중심에는 여호와께로 돌아오라는 돌이킴과 회심의 요청이 항상 있었습니다. 선지자들과 요한에게서 발견되는 이러한 요청에 대해 세 가지 언급이 있을 수 있습니다.

(a) 이것은 하나님의 백성 전체를 향한 요청이지만, 결코 개인의 회심에 대한 요청을 배제하는 것은 아닙니다. 이것은 요한의 경우에는 극명합니다. 요한의 사역은 민족을 향한 것이었지만, 요한은 개개인들에게 세례를 베풀었습니다.

(b) 이것은 오늘날 실제 당면한 문제들의 상황 가운데 지금 여기에서 구체적인 순종으로의 부르심입니다. 구약성경 속 선지자들의 가르침과 요한의 가르침 중 어느 것도 기독교인들에게 매우 흔한 회심관the view of conversion, 즉 회심은 일정한 방식으로 행동하기 위한 여러 각기 다른 결단이 나중에 따라오는 어떤 순전히 내적이고 영적인 경험이라는 관점에 대해 어떠한 근거도 제공해주지 않습니다. 어떤 사람이 먼저 회심한 다음 회심의 결과로서 무엇을 해야 하는지를 알고자 둘러본다는 견해는 성경에서 그 근거를 찾아볼 수 없습니다. 그러나 이러한 견해는 (그렇게 노골적으로 표현되지는 않지만) 매우 흔합니다. 1965년 세계교회협의회 중앙위원회the Central Committee에서 발표된 한 논문에서, 회심은 '이후에 다른 보충적인 신학적 원리들을 토대로 둔 봉사에의 결단'이 따라야 하는 것이라고 진술되었습니다. 동일한 견해가 최근 두 개의 회심 공식으로 표현되었습니다. 하나는 세상으로부터 그리스도께로 회심이고, 또 하나는 그리스도로부터 세상으로의 회심입니다. 이러한 모든 언어들은 회심에 대한 잘못된 개념, 즉 회심은 본래적으로는 그리고 그 자체로는 행위에 대한 어떤 결단도 포함하지 않는 순전히 내적인 경험이라는 견해를 바로잡기 위한 시도로부터 나왔습니다. 이와 대조적으로, 성경에서 개종, 즉 여호와께로

돌아간다는 언어가 어떻게 사용되었는지 주의 깊게 연구해보면, 항상 주어진 역사적 순간에서 구체적인 결단의 맥락 안에 놓여 있음을 보게 될 것입니다.

오늘날 그리스도의 몸에서 일어난 가장 비극적인 분열 중 하나가 자신들의 모든 강조점을 개인의 회심에 둔 사람들과 자신들의 모든 강조점을 급진적인 사회적 정치적 행동에 두었던 사람들 사이에 있다는 사실의 측면에서 이것은 매우 중요한 현실적인 문제입니다. 이러한 상처를 치유하는 것은 오늘날 가장 긴급한 과제 중 하나입니다. 이는 바로 그 '회심'이란 단어에 대한 성경의 원천으로 돌아감으로써만 가능합니다.

교회와 사회에 관한 세계 회의the World Conference on Church and Society를 준비하며 에밀리오 카스트로Emilio Castro가 작성한 '회심과 사회 변혁'에 관한 장은 '두 회심' 모델에 대해 매우 명확하게 논박합니다. 그러나 이 문제를 다루면서, 애굽Egypt으로부터 이스라엘 자녀들이 해방된 예를 사회적 요소들과 회심의 가능성 사이의 관계를 보여주기 위해 사용한 것에는 회심에 대한 잘못된 견해의 자취가 있어 보입니다. '자유는 예배를 위해 기본적이고 필수적인 것이었습니다. 노예들 가운데서 하나님께서 일하실 수 있으시겠습니까? 의심할 것 없이 하나님께서는 하실 수 있으시겠지만, 노예의 신분은 하나님께서는 당신의 자녀들에게 뜻하신 바가 아닙니다. 자유는 진정한 예배를 가능하게 합니다. 여호수아서에서 가나안을 정복한 이후 이스라엘 민족이 "너희가 섬길 자를 오늘 택하라"는 이 선택 상황에 직면했을 때 그 사실은 완성되었습니다. 자유는 회심을 가능하게 합니다.'[1]

하지만 확실히 이것은 사회적 맥락으로부터 분리된 순전히 종교적인 현상으로 회심이 잘못된 개념으로 물러나게 한 것입니다. 실제 회심은 분명 더 일찍 왔습니다. (의심하여 이전의 행실로 돌아가서) 모세를 여호와께서 보내셨고 이스라엘 백성을 구원하는 것이 여호와 하나님의 목적이라는 모세의 말을 믿지 않았더라면, 모세는 이스라엘 민족이 애굽에서 나오도록 인도할 수 없었을 것입니다. 실제 회심의 순간은 모세와 아론이 애굽에서 처음 사람들을 모으고 '여호와께서 모세에게 하신 모든 말씀을 전하고 백성 앞에서 이적을 행하니 백성이 믿으며 … 머리 숙여 경배하였더라(출애굽기 4:30-31)'라고 한 순간입니다.

그때부터 계속 (셀 수 없이 많은 불신앙에 빠진 일이 없지 않았지만) 이스라엘 백성들은 다른 길에 직면하고 있었습니다. 이스라엘 백성들은 더 이상 자신들의 얼굴을 땅으로 향한 채 살지 않았습니다. 이스라엘 사람들은 약속의 땅을 향하고 있었고, 출애굽과 긴 행진의 모든 위험과 수고에 힘을 다하였습니다. 이것이 회심, 즉 따라야 할 모든 것을 회심 자체와 관련시키는 전환이었습니다. 비록 관련된 모든 것을 배우기 위해서는 시간이 걸리겠지만 말이죠.

(c) 회심에의 부르심call은 하나의 관점으로부터 돌아오라고 부르시는a call back, 다시 돌이키라고 거듭 부르시는a re-call to re-turn 것입니다. 이스라엘 자녀들을 향한 모세와 아론의 말은 '네 조상들의 하나님, 즉 아브라함과 이삭과 야곱의 하나님'으로부터의 말이었습니다. 위대한 선지자들의 입에서 나온 돌아오라는 부르심은 시내산에서 받은 그 언약으로 돌아오라는 부르심이었습니다. 그러나 그것은 항상 미래를 향한 부르심이었습니다. 모세에게 나타나신 하나님께서는 당신의 유일

한 이름(나는 있을 자로 있을 자이다I will be who I will be*)을 주십니다. 부르시는 여호와께서는 구름기둥과 불기둥 속에서 앞서 가시는 분이십니다. 선지자들로부터 들려진 돌아오라는 부르심은 여호와의 날이 다가온다는 맥락에 있습니다. 그것은 미래를 마주하고 있습니다. 그리고 이것은 세례 요한의 메시지에서 최고의 진실입니다. 세례 요한은 주의 길을 예비하라고 외치는 사람입니다. 세례 요한의 메시지는 다가오시는 그분에 관한 것입니다.

예수의 설교는 요한의 설교에 바로 뒤따릅니다. 이는 다가오는 하나님의 통치의 관점에서 회개하라(회심하라to be converted)는 부르심입니다. 때가 찼고, 하나님의 통치가 가까이 왔으니, 회개하고 좋은 소식the good news을 믿으라. 회개는, 회심은 좋은 소식의 관점 안에 있습니다. 이는 마치 누군가 이렇게 말하는 것 같습니다. 당신이 기다리고 있는 그 사람이 오고 있지만, 돌아서서 다른 길을 보지 않으면, 당신은 그를 볼 수 없을 것입니다. 회심은 그러니까 하나님께서 통치하시는 실재가 밝아 옴을 인식하고 참여하기 위해 돌이키는 것을 의미합니다. 그러나 이 내적인 돌이킴은 즉시 그리고 본래적으로 어떤 행동 양식과 가시적인 교제를 수반합니다. 이것은 공동체의 구성원이 되는 것과 특정 방식으로 행동하는 결단을 수반합니다.

회심이 수반하는 것들: 가시적 공동체와 행동 양식

1. 이것은 가시적 공동체를 수반합니다. 이 이야기의 바로 그 시

---

* 미완료동사 '에흐예'는 미래적 의미도 내포하기 때문에 'I am' 또는 'I will be'로 번역될 수 있다(cf. The Complete Jewish Bible). 일반적으로는 'I am'으로 번역되지만, 뉴비긴은 여기에서 미래성을 강조하기 위해 'I will be'를 선택한 것 같다. (편집자주)

작부에서 예수님께서 나가시며 어떤 사람들을 찾으셔서 자신의 운동movement에 참여시키시는 것을 발견합니다. 최초 사도들의 이름은 이 이야기의 시작부에 거의 나타납니다. 단지 회심하라고, 관심을 갖는 사람들이 참석하도록 광범위하게 초대하실 뿐만 아니라, 어떤 개별적인 사람들이 현재 자신이 헌신하고 있는 것으로부터 떠나 예수님께 전적으로 헌신하도록 부르심summons으로 잡아두시기도 하셨습니다. 베드로와 안드레는 한 길에 직면해 있었습니다. 예수님께서는 그들이 돌아서서 다른 길에 직면하도록 하셨고, 그 이후로 그분의 즉각적이고 지속적인 동료애companionship에 헌신하도록 하셨습니다. 가시적인 공동체는 그분의 의도적이고 개인적이며 구체적인 부르심의 행동에 의해 형태를 갖추게 됩니다. 처음에 일어난 일은 네 번째 복음서의 저자가 예수님이 하신 것으로 기록한 말씀에 생생하게 요약됩니다. '너희가 나를 택한 것이 아니요 내가 너희를 택하여 세웠나니 이는 너희로 가서 열매를 맺게 하고.' 회심은 하나님의 사역입니다. 이것은 세상에서 하나님의 뜻을 수행하기 위하여 남자들과 여자들을 가시적인 친교로 부르시는 것입니다.

이 지점에서 우리는 매우 중요한 문제에 도달합니다. 예수님께서 열두 명(이스라엘 지파의 수)을 선택하셨다는 것이 중요하다고 종종 지적되어왔습니다. 이것은 대표적인 수입니다. 예수님께서는 단순히 함께하려고 하는 사람을 초대하지 않으셨습니다. 예수님은 열두 명을 택하셨습니다. 열두 명은 어떤 의미에서 이스라엘을 대표합니다. 그런데 어떤 의미에서입니까? 그들은 전체를 대표하는 일부*pars pro toto*입니다. 그런데 어떤 의미에서 그들이 전체를 대표합니까? 그 대표하는*pro* 힘은 무엇입니까? 이 작은 전치사가 '~을 위한 목적으로with a view to' 또는 '~을 대신하여instead of'를 의미합니까? 몇몇 현대 신학자들은 후자를 택하는 것으로 보여 집니다. 그들은 교회에 의해서 나머지 세상이 이미 충분히 대표되기 때문에 더 이상 개종이 필요하지 않다는 의미에서 교회가 전체를 대표하는 부분이라고 가르치는 것으로 보입니다. 그게 아니면 나머지 세상이 개종되기 위해 보냄을 받았다는 의미에서 교회가 전체를 대표하는 부분인 것일까요? 이것은 확실히 사람을 낚는 어부가 될 것이라는 약속을 받은 최초의 사도들을 부르신 이야기에 함축된 의미로 보입니다. 하지만 다른 의미가 전적으로 배제되는 것이 아님을 시사하는 증거 또한 성경에 있습니다. 가시적인 친교는 그리스도 안에 있는 하나님의 구원 계획에서 중심이 되는 것이지만, 하나님의 구원계획은 가시적인 친교에 국한되지 않습니다.

2. 회심은 어떤 행동 양식을 수반합니다. 마태복음은 하나님 나라에 대한 선포와 회심으로의 부르심에서 거의 곧바로 산상 수훈으로 나아갑니다. 여기에서 예수님의 가르침 중 대표적인 핵심이 모아집니다. 이것은 새로운 율법은 아니지만, 하나님의 통치가 다가온다는 기쁜 소식을 받아들이는 것에 수반되는 행동 방식을 생생하게 묘사합니다. 회심은 이 다가오는 통치를 인식하고 참여하기 위해 돌이키는 것이며, 이것이 참여가 의미하는 바입니다.

그래서 우리가 언급해 온 세 가지 요소, 즉 내적인 마음과 생각의 돌이킴, 가시적 친교에의 헌신, 어떤 행동 방식에 대한 헌신은 총체적인 회심의 실상에서 처음부터 본질적인 요소로 드러났습니다. 거의 처음부터, 우리가 볼 수 있듯이, 이 세 가지 사이의 관계는 격렬한 논쟁의 문제가 됩니다.

예수님의 최초 설교에서 오순절 이후 사도들의 설교로 옮겨가면서, 우리는 동일한 요소들이 드러남을 발견합니다. 급진적인 회심으로의 부르심이 있으며, 이 회심은 가시적 친교의 일원이 되는 것과 어떤 행동 방식에 헌신함을 수반합니다.

비록 복음의 이야기들이 대체로 유대교 안에 있을지라도, 항상 더 넓은 지평에 대한 자각이 있습니다. 우리는 '동·서로부터 많은 사람이 이르러 천국에 앉으려니와'와 같은 말씀을 기억합니다. 그리고 헬라 질문자들이 예수님을 만나러 온 문맥에서 하신 위대한 말씀, 즉 '내가 땅에서 들리면 모든 사람을 내게로 이끌겠노라'를 기억합니다. 사도행전의 이야기는 이렇게 이끄시는 것이 일종의 고통 없고 자각 없는 과정이 아니라는 것을 완전히 명백하게 하는 것처럼 보입니다. 이것은 단순히 세상이 이를 알지 못하더라도 구원을 받는다는 것이 아닙니다. 그리스도께서 취하신 행동의 특징은 시종일관 동일합니다. 이것은 철저한 회개와 회심, 세례에 대한 요청입니다. 사람들이 최초로 그리스도인의 설교를 들었을 때, 마음에 찔려 베드로에게 말합니다. '우리가 어찌 해야 합니까?' 베드로는 말합니다. '회개하십시오. 그리고 여러분 각 사람은 예수 그리스도의 이름으로 세례를 받고, 죄 용서를 받으십시오. 그리하면 성령을 받을 것입니다. 이 약속은 여러분과 여러분의 자녀와 또 멀리 떨어져 있는 모든 사람, 곧 우리 주님께서 부르시는 모든 사람에게 주신 것입니다.' 그렇지만 이 약속을 받아들이는 것이 필요하지 않다는 의미가 아닙니다. 이 초청card에는 응답요구R.S.V.P.가 있습니다. '그 말을 받은 사람들은 세례를 받으매 이 날에 믿는 자의 수가 삼천이나 더하더라. 그들이 사도들의 가르침을 받아 서로 교제와 떡을 나눔과 기도에 헌신하더라.' 사도행전의 시작부에 있는 이것은 마가복음의 시작부에서 우리가 보았던 것과 일치합니다. 이것은 철저한 회심과 헌신으로의 부르심이며, 또한 가시적인 교제의 일원이 되는 것으로의 부르심입니다.

사도들이 이방인에게, 유대교 밖의 이교도들에게 말하기 시작할 때 비슷한 언어가 사용됨을 발견합니다. 루스드라의 이교도인들이 바울과 바나바가 신들이라고 생각하고 제사를 지내려고 할 때, 바울이 그들에게 외쳤습니다. '여러분, 어찌하여 이러한 일을 합니까? 우리도 여러분과 같은 사람입니다. 여러분들이 이런 헛된 일들을 버리고 하늘과 땅과 바다와 그 가운데 만물을 지으신 살아 계신 하나님께로 돌아오게 하려고 기쁜 소식을 전하고 있는 것입니다.' 다시 함축적으로 말하면, 바울은 살아 계신 참 하나님을 섬기고 하늘로부터 강림하실 하나님의 아들을 기다리기 위해 우상으로부터 돌아선(회심한) 데살로니가 교회에게 연설합니다.

아주 간단히 요약하자면, 사도행전의 증거는 다음과 같은 누가복음에 있는 마지막 말씀들과 연결되어 있습니다. '이같이 그리스도가 고난을 받고 제 삼일에 죽은 자 가운데서 살아날 것과 또 그의 이름으로 죄 사함을 받게 하는 회개가 모든 족속에게 전파될 것이 기록되었으니.' 모든 족속과 모든 피조물에 대한 그리스도의 주되심lordship의 보편성은 모든 족속들을 있는 그대로 두기 위한 근거가 아닙니다. 반대로 모든 사람과 모든 족속에게 회개를 가르치는 교회의 선교에 대한 정확한 근거입니다. 이 문제에 대한 논리는 로마서 10:12 이하에 가장 명확하게 정리되어 있습니다. '유대인이나 헬라인이나 차별이 없습니다. 동일한 주님께서 모든 사람의 주님이 되셔서 그분을 부르는 모든 사람에게 부요하십니다. 누구든지 주님의 이름을 부르는 사람은 구원을 얻을 것입니다.' 이것은 그리스도 통치의 보편성에 대한 매우 완전한 진술입니다. 그리고 이렇게 이어집니다. '믿지 않는다면 어떻게 그분을 부르겠습니까? 들어본 적이 없다면 어떻게 믿겠습니까? 말씀을 전하는 사람이 없다면 어떻게 들을 수 있겠습니까? 보내심을 받지 않았다면 어떻게 말씀을 전하겠습니까?' 이것이 사도바울이 해석한 보편성의 논리입니다.

가시적 공동체로의 인도에 대해

이 구절은 다음과 같은 우리가 토론해야 하는 문제들 중에서 가장 뜨겁게 논쟁되는 것 중 하나로 전환기를 제공합니다. 즉, 그리스도께 대한 충실함은 사람들을 가시적인 교회의 교제 가운데로 이끌도록 노력할 것을 요구하는가? 하나님께서는 교회 밖의 세상에서도 또한 활동(그리고 구원하시는 활동)을 하시지 않는가? 성경 자체가 이것을 명백하게 하지 않는가? 그런 까닭에, 바깥세상의 사람들을 교회로 이끌려고 노력하는 것보다 어떤 믿음을 가진 사람이라도 함께 협력하여 세상에서 하나님의 일을 하는 것이 우리에게 훨씬 더 중요하지 않은가? 세상에서 하나님을 섬기는 사심 없는 헌신과, 세상과 떨어져 분리된 조직으로서 교회를 세우려는 이기적인 욕망 사이에서 기독교인들이 선택해야하는 것이 명확하지 않은가?

이 구절에서 바울이 무엇을 말한 것인지에 대해 세 가지 것이 주목되어야 할 것입니다. 첫째로, 하나님의 사랑은 보편적이라는 엄청난 주장입니다. 하나님의 은총은 어떤 교회적인 장벽에 의해서도 제한되지 않습니다. '유대인이나 헬라인이나 차별이 없습니다. 동일한 주님께서 모든 사람의 주가 되시고, 그분을 부르는 모든 사람에게 부요하십니다.' 둘째로, 자기 백성에 맞서시는over against 하나님의 자유에 대한 급진적인 주장입니다. 하나님의 백성들은 완고하여 귀가 먼 사람들이지만, 듣고 깨닫는 사람들은 이교도들입니다. 구약성경에서 인용한 두 구절이 이에 대해 매우 날카롭게 표현합니다. '나를 구하지 아니한 자들에게 내가 찾은바 되고 내게 묻지 않은 자들에게 내가 나타났노라.' 그러나 이스라엘에 대해서는 다음과 같이 말합니다. '순종치 아니하고 거슬러 말하는 백성들에게 내가 온종일 내 손을 벌렸노라.' 하나님은 교회 기관의 소유가 아닙니다. 그분은 자유로우신 분이십니다. 이교도들에게도 자신을 자유롭게 나타내십니다. 그러나 셋째로, 회개와 믿음의 필요성에 대한 것은 무엇이든지 간에 의문의 여지가 없습니다. 전체적으로 그 구절에서 인용한 것들이 믿는 이교도들에게 관한 것임을 아주 명확히 하고 있습니다. 구원을 받은 사람들은 '주님의 이름을 부르는' 사람들입니다. 의식적인 믿음과 명시적으로 예수님을 주님이라고 하는 입술의 고백(로마서 10:9)은 구원을 위한 조건입니다.

사도바울은 히브리인들의 신앙이 달려있는 그 믿음, 즉 하나님께서 진실로 한 민족을 선택하셔서 자신을 섬기도록 구별하셨다는 것,

가시적인 역사적 공동체로서 믿음의 눈으로 알아볼 수 있는 하나님의 백성이 있다는 것에 의문을 제기하지 않았습니다. 그러나 사도들은 하나님께서 그런 것 때문에 행동하시는 자유를 포기하시지 않으셨다고 논증합니다. 아브라함의 후손들은 하나님의 백성이지만, '하나님께서는 능히 이 돌들로도 아브라함의 자손이 되게 하실 수 있습니다.' (누가복음 3:8) 이스라엘은 하나님께서 심으신 감람나무olive tree입니다. 하나님께서는 돌감람나무의wild 순을 참감람나무에 접붙여 그것의 일부로 만드실 수 있으며, 또한 원 가지들을 꺾으실 수 있으십니다(로마서 11장). 하나님은 여전히 자유로우시며, 주권을 가지고 계십니다. 그러므로 그분의 통치의 확대extension는 자기 백성이라 불리는 공동체의 확대와 단순히 동일시되지 않습니다. 하나님께서 택하시고 부르신 그 공동체는 그분의 목적의 중심에 있지만, 하나님의 목적은 단순히 그 공동체의 영역확장aggrandizement과 동일시되지 않습니다. 그렇다면 어떤 의미에서 '가시적인 교제의 일원'이 되는 것이 개종에 필수적입니까? 현재 논의의 측면에서 말하자면, 기독교 교회의 가시적인 일원으로 사람들을 이끄는 것이 하나님 나라에 대한 최고의 섬김일까요? 혹은 최근 인도에서 날카롭게 이야기되어 온 것처럼, '힌두교인은 그리스도께 속하기 위해서 세례를 받아야 할까요?

　잘 알려진 것처럼, 결정적인 투쟁(로마서 10장에 기록된 바울의 글 뒤에 있는)은 이방인 개종자들의 할례 문제에 대한 싸움이었습니다. 많은 사람들에게 복음을 받아들인 이교도들이 가시적인 하나님의 백성의 무리 가운데 일원이 되기 위해서는 기본적인 가시적인 요건들을 충족시켜야만 하는 것이 분명해 보입니다. 즉 이방인들은 할례를 받아야만 합니다. 하지만 결국 잘 알려진 대로 그 결정은 반대 방향으로 나갔습니다. 고린도와 에베소와 로마에 있는 교회들은 유대적인Judean 기독교가 단순히 확대된 것이 아니었습니다. 이방인 개종자들은 유대인에게 동화assimilados되는 것이 아니었습니다. 롤런드 앨런Roland Allen이 생생하게 지적했던 것처럼, 고린도에서 기독교인들의 예배에 우연히 참석했던 유대 기독교인은 하나님의 백성의 공동체라고 자처하는 이교도에게서 무언가 유대인에게 아주 소름끼치는 것을 보고 깊은 충격을 받았을 것입니다. 하지만 그러한 충격에도 불구하고, 그 결정은 이루어졌고, 그리스도께로 개종하는 것이 이방으로의 선교가 시작되기 전의 기존 유대 교회로 편입됨incorporation을 (이방인들에게) 의미하지 않는다는 것이 고수되었습니다.

그런데 이 맥락에서 두 가지 점에 주목해야 합니다.

1. 이방인 개종자들이 할례를 받지 않아도 된다고 결정한 이유는 하나님의 구원 목적에서 이 공동체의 중심성에 대한 어떤 의혹이 아닙니다. 그 이유는 사도행전의 관련 구절과 바울 서신에서 명쾌하게 제시됩니다. 이는 할례 받지 않은 이방인들에게 성령을 주셨기 때문이고, 또한 이 사실을 부인하는 것은 보아 하니 불가능하기 때문입니다. 이 논거는 사도행전 11장과 15장에서 베드로의 말로 제시됩니다. '마음을 아시는 하나님께서 우리에게와 같이 그들에게도 성령을 주셔서 증언하시고.' 그것은 새로운 방침policy이 요구되는 새로운 사실이었습니다. 에베소에 보낸 서신에서 다른 세대에서는 사람의 아들들에게 알리지 아니하셨지만, 이제 그의 사도들과 선지자들에게 성령으로

나타내신 이 새로운 사실에 대해 말합니다(에베소서 3:4-5). 성령의 선물은 의심할 수 없는 것이었습니다. 그것은 사실이었고, 무시할 수 없는 것이었습니다. 할례 받지 않은 이방인들이 성령을 받았다면, 그들은 하나님의 백성의 일부입니다.

2. 그렇지만 즉시 주목해야할 두 번째 점은, 이와 같이 성령을 받은 사람들은 지체 없이 세례 받은 공동체에 편입되었다는 것입니다. 고넬료와 그의 가족은 할례와 세례 모두 받지 않은 상태에서 성령을 받은 사람들이었기 때문에, 할례와 세례가 반드시 필요한 것은 아니라고 주장하는 것이 논리적으로 보일 것입니다. 하지만 사실의 관점에서 보면, 베드로가 했던 첫 번째 일은 그들에게 세례를 주는 것이었습니다. 따라서 이방인 개종자들이 단순한 유대교의 확대일 수는 없는 반면, 그들이 가시적이고 일정한 공동체에 편입된 것은 틀림없습니다. 그들은 세례를 받았고, 짐작컨대, 주님의 식탁을 중심으로 하는 교제 속으로 편입되었습니다.

따라서 이 논증에서 지금 다루는 부분을 요약하면, 개종은 **단순히** 주어진 공동체에 편입되는 것을 의미하지 않습니다. 개종은 성령님의 새로운 활동이고, 그러므로 그 결과의 하나로서 이 공동체의 구조에 엄청난 변화를 가져옵니다. 참된 개종은 위로부터 새롭게 태어나는 것이지, 기존 공동체에 의한 단순한 자기 영역확대 활동이 아닙니다. 이방인 개종자들이 들어오는 것으로 기독교 공동체의 본질은 엄청나게 변화하였습니다. 그럼에도 불구하고 개종은 어떤 공동체로의 편입을 수반합니다. 이방인 개종자들에게 유대인적인 기독교인이 되라고 요구하지는 **않았지만**, 이방인 개종자들은 세례를 **받았습니다**.

마두라이Madurai에 있었던 로베르토 디 노빌리Robert di Nobili의 브라흐만 개종자들은 포르투갈 선교관mission station에 편입되지는 않았지만, 세례를 받고 영성체를 받았습니다. 노빌리의 비판자들이 노빌리에 대한 신임을 떨어뜨리는데 성공하지 않았더라면, 이 개종자들이 오늘날 우리가 알고 있는 인도 기독교 공동체의 특징을 엄청나게 변화시키는 일이 벌어질 수 있었을 것입니다. 누군가는 그렇게 되었기를 바랄 수도 있었을 것입니다. 그럼에도 불구하고 그 잘못은 저 논란의 한편에만 모두 있는 것은 아니었습니다. 의심할 바 없이, 기독교회 내에서 일종의 **인종차별정책**apartheid이 허용됨을 보는 일은 포르투갈 선교단에 있는 기독교인들에게는 정말 충격이었습니다. '오랜 공동체와 새로운 개종자들 사이에서 반드시 계속되어야 하는 요소는 무엇인가?' 하는 질문에는 늘 논쟁의 여지가 있습니다.

개종에서 필수적인 것과 부수적인 것의 구분

최근 인도에서 이 토론은 방갈로르Bangalore의 카이 버외Kaj Baago 박사의 글들을 통해 다소 격렬해 졌습니다. 인도 기독교의 외국적인 요소들을 보면서, 버외 박사는 다음과 같이 질문했습니다. '불교인, 힌두교인, 그리고 무슬림은 그리스도께 속하기 위해서 반드시 기독교인이 되어야만 하는가? 자신들의 종교 전통과는 완전히 이질적인 교회 조직에 편입되어야 하는가? 서구 종교의 추종자를 나타내는 말인 기독교인으로 자신들을 불러야 하는가? 복음보다 대개 서구 문화에 뿌리를 두는 기독교적 전통과 관습, 예식을 반드시 받아들여야 하는가?

이 모든 것들이 그리스도께 속하기 위한 조건인가?' 이 질문들에 대해 버외 박사는 아니오 라고 명백하게 대답했습니다. '상당한 규모가 서구의 산물인 기독종교Christian religion는 모든 민족과 인종들의 종교가 될 수 없으며 되어서도 안된다. … 그러므로 오늘날 선교사의 과업은 사람들을 그들의 종교로부터 다른 종교로 이끄는 것일 수 없으며, 오히려 선교사의 과업은 그리스도와 갈등하지 않는 한 힌두교와 불교를 자신의 것으로 받아들이고, 이들 종교를 아시아에서의 기독교 복음의 전제조건과 배경 그리고 뼈대로 여기며, 기독교(조직화된 기독종교)를 떠나서 이들 종교 속으로 들어가는 것입니다. … 예수는 기독교인들의 전유물이 아닙니다. … 그는 모든 인간을 위한 분입니다. 그는 단지 기독교에서만이 아니라 모든 종교에서 권화權化됩니다be incarnated.'²

버외 박사는 '기독교인'이라는 단어에 가져가야 하는 모든 식민지적 앙금을 적재함으로써 결론에 도달합니다. 만약 '기독교인'이란 단어가 지난 250년 동안 아시아에서 기독종교를 공언하던 사람들에 의해서 자행되어 온 모든 것을 의미한다면, 우리는 힌두교인들이 기독교인이 되는 것을 바라지 않습니다. 그러나 이 문제에 대해 반대로 다음과 같이 말하고 질문하는 것도 동일하게 적절할 것입니다. '성령의 역사로 인해 거듭난 힌두교인이 자신의 동료 신자들과 가시적인 연대 없는 상태로 기꺼이 남을 수 있을까요?' 이 질문에 대한 대답은 아니오 입니다. 신약성경은 순전히 정신적이고 영적이며, 어떠한 인간관계 속에서도 체현되지embodied 않은 그리스도와의 관계에 대해 아무것도 알지 못합니다. 그리고 만약 체현된 관계라면, 분명 인간의 문화적 정치적 삶 속에서 일어난 (그리고 죄악이 잠재된) 모든 일에 영향을 받기 쉽습니다. 우리는 이들 두 질문 중 어느 것에서도 문제의 핵심으로 가지 못합니다. 참된 개종은 위로부터의 새로운 창조(이것은 단순히 기존의 공동체를 확대하는 일이 아닙니다)와 또한 기존의 신자들의 공동체와의 관계 이 둘 모두를 수반합니다. 진정한 질문은, '이 둘 사이의 관계는 무엇인가?', '복음을 전파함에 있어서, 복음이 진실로 전달되지 않는다면 본질적인 요소는 무엇인가?', '우리가 받은 것 *traditum* 중 얼마나 많은 것들이 필수적으로 트라덴둠*tradendum*(전해야 하는 것)에 속하는가?' 하는 것입니다.

  이것이 (현대 선교 운동의 맥락에서) 때때로 거슬리지만 늘 피해갈 수 없는 롤런드 앨런이 열정적으로 전념한 논의에 대한 질문입니다. 롤런드 앨런은, 19세기의 선교 방법을 사도 바울의 방법과 대조하면서, 현대 선교는 참된 길로부터 완전히 벗어났다고 주장했습니다. 선교사들은 트라덴둠에 속하지 않은 것들을 통째로 비유럽 세계의 사람들에게 전달하려고 해왔습니다.

  제가 앨런을 제대로 이해한 것이 맞다면, 앨런의 견해에서 본질적으로 전해야 하는 것들*tradenda*은 성경과 세례와 성찬의 성례, 그리고 사도적인 성직자입니다. (앨런을 지지하는 대부분의 사람들과는 달리, 앨런은 고교회파 신자였습니다.) 그런 까닭에 앨런은 이 본질적인 요소들과 혼동되는 모든 것들, 선교 사역을 서구 제국주의의 한 조각처럼 보이게 만드는 모든 것들 — 전문 사역의 기구 전체, 기관, 교회 건물들, 교회 조직들, 감독의 사무실들, 하모늄*harmoniums*에서 부감독들*archdeacons*에 이르기까지 모든 것들과 전쟁을 벌였습니다. 이러한 문제들과 씨름하는 많은 선교사들은 앨런이 지나치게 단순화한 것은 아닌지 질문해 왔습니다. 저는 이러한 질문이 타당하다고 생각합니다. 만약 우리가 신약성경으로 다시 돌아간다면 우리는 많은 논쟁의 여지가 있음을 발견할 것입니다. 사도행전 15장에 기록된 유명한 결정은 할례에 관한 규정에서 해방시키면서 순전히 부정적인 것만 포함하지는 않았습니다. 다음과 같이 필수적이며 이방인 개종자들이 준수할 의무가 있는 진술들 또한 포함하였습니다. 즉, '우상에게 바쳐진 더러운 것과 음행과 목매어 죽은 것과 피를 멀리하라는 것입니다.' 그것은 예루살렘의 4강령quadrilateral이었지만, 계속 효력이 있지는 않았습니다. 심지어 예루살렘의 교부들조차 철저히 일관되지는 않았습니다. 사도 바울의 편지로 가면, 주님의 명령과 개인적으로 판단한 것 사이에서 만들어진 구분을 발견할 수 있습니다. 그리고 심지어 사도들이 주님께 속한 것으로 생각한 어떤 것들에 대해서는, 오늘날 그것들이 트라덴둠의 본질에 속한 것인지에 대해 의심을 가집니다. 이에 대해 토론의 여지가 있었으며, 계속 여지가 남아 있을 것입니다. 현대 선교 사역은 트라덴둠과 트라덴둠에 속하지 않은 많은 것들을 혼합해 왔다는 앨런의 생각에는 동의할 수도 있습니다. 하지만 앨런이 그어 놓은 뚜렷한 구분선을 모두 받아들일 수는 없을 것입니다. 수십 년 동안 로마 당국은 기독교회를 유대교의 연장선으로 여기고, 그런 식으로 기독교회를 다루었다는 것은 확실히 중요합니다. 기독교회가 유대교의 연장이 아니라는 것은 결코 단번에 명확해지지 않습니다. 이 논증으로부터 제가 도출하려는 결론은 다음과 같은 것입니다.

1. 참된 회심에서 나온 불연속의 요소와 그것 없이는 기독교회가 존재하지 않는 연속성의 요소 사이의 긴장은 항상 있을 것이고, 있어야 할 것입니다. 한편으로는 모든 참된 회심은 원칙적으로 그 공동체가 영위하는 기존의 삶에 이의를 제기할 수 있는 새로운 창조적인 사건입니다. 또 다른 한편으로, 모든 회심은 그리스도께 속한 사람들의 가시적인 교제에 헌신하는 것을 또한 수반합니다. 기독교인과 그리스도와의 관계는 결코 순수하게 정신적이거나 영적인 것일 수 없습니다. 이것은 체현된 관계이고, 그 몸은 원칙적으로 믿는 사람들의 몸 전체입니다. 어느 한편을 부인하려고 하는 것은 이 긴장을 제거하려고 하는 것과 관련되며, 이것은 무익한 일입니다. 교회는 이 긴장과 함께 살아감으로써만 역사에 대한 실마리를 가진다는 주장을 성장시키고 정당화합니다.

2. 트라덴둠에 대한 전형적인 정의는 사도의 설교를 들은 그 첫 회심자들에 대한 이야기 속에 나타납니다. '그 말을 받은 사람들은 세례를 받고 사도의 가르침을 받아 서로 교제하고 떡을 떼며 기도하기에 전념하였다.' 의심할 바 없이, 이들 각 구절들이 함축하는 모든 의미에 대해서는 논쟁의 여지가 많이 있습니다. 그럼에도 불구하고 이것들이 필수적인 것이라고 주장합니다. 만약 이러한 것들이 전해지지 않는다면, 설교의 목적은 달성되지 않을 것입니다. 저는 앨런과 같이 모든 것이 배제된다고 말하지는 않을 것입니다. 저는 단순히 다른 모든 것들은 이따금 교회에서 토론과 결정의 대상이 된다고 말하고자 합니다. 수 세기에 걸친 죄악된 교회사를 통하여, 어떤 내용이 '기

독교인'이라는 단어에 포함되어 왔더라도, 이 말의 고유한 의미는 세례를 받은 사람, 성만찬을 정기적으로 나누는 사람, 성경을 성실히 공부하여 사도들의 가르침에 머무는 사람, 그리고 기도와 봉사의 공동생활에 참여함으로써 성도의 교제 안에 머무는 사람입니다. 기독교인이란 말의 이러한 의미에서, 저는 믿음이 있는 힌두교인이 기독교인이 되라고 권할 것입니다. 그리고 다음과 같이 말하지 않을 것입니다. '우리 중의 하나, 즉 저와 같은 기독교인이 되어서, 기독교인이라고 불리는 사람들에게서 보이는 모든 관습과 풍습을 따르십시오.' 그리고 또한 다음과 같이 말하지도 않을 것입니다. '힌두교인으로 남아서, 힌두교인의 신앙과 관행의 맥락에서 예수님께 예배하십시오.' 저는 오히려 다음과 같이 말하고 싶을 것입니다. '앞서 정의했던 의미에서의 기독교인이 되십시오. 그리고 그대를 그리스도께로 이끄시는 성령님께서 기독교인이 된다는 것이 어떤 의미인지 우리에게 가르치시도록 하십시오.'

개종자의 특권과 책임

이 토론에서 이미 우리는 개종의 윤리적 측면, 즉 개종과 관련된 행동 양식의 문제에 접근했습니다. 우리는 성경의 증거가 모든 수준에서 개종이 어떤 종류의 행동에 헌신함을 수반한다는 것을 보았습니다. 복음서에서 개종은 하나님의 통치가 오는 것을 믿는 것이 가능하도록, 이에 참여하는 것이 가능하도록 돌아서는 것입니다. 이전 장에서 저는 그리스도께 대한 종결성을 주장한다는 것은, 주님으로서 그리스도께 헌신하는 공동체에 참여함으로 역사에서 하나님의 일을 올바르게 해석할 수 있으며, 그렇게 함으로써 역사에서 건설적인 행동에 올바르게 헌신할 수 있다는 주장을 의미한다고 말했습니다. 이 주장은 개종의 문제에서 중요한 지점이 됩니다. 제대로 이해된 그리스도께로의 개종은, 그와 마찬가지로 헌신된 사람들의 교제 안에서 창조세계를 향한 하나님의 진정한 목적을 증언하고 전달하는 방식으로 역사에서 행동할 수 있는 그러한 돌아섬입니다.

우리의 어려움은 그리스도의 이름을 맡은 공동체가 창조세계를 향한 하나님의 목적으로부터 끊임없이 돌아서는 죄를 범하고 자신들의 특권을 이기적으로 즐기는데 집중한다는 사실에서 발생합니다. 하나님의 뜻이 무시되고 부인되는 공적인 삶의 큰 문제들에 대해서는 눈감아 버리는 죄를 지속적으로 범하는 반면, 기독교인들이 자신들의 양심을 깨끗하게 유지하려고 애쓰고 그렇게 함으로써 거짓된 영적 안도감을 즐긴다는 면에서 비교적 사소한 윤리적 문제에 집중합니다.

어떤 시간과 장소에서든 개종의 윤리적 내용은 기독교 공동체의 특징에 의해 아주 많은 부분이 결정될 것입니다. 제가 설명한 그러한 정황에서 개종은 실리적인 목적을 위해 그 당시의 큰 문제와는 거의 상관이 없는 윤리적 결정들의 측면에서 정의될 수 있을 것입니다. 그러한 시간들과 장소들에서 복음에 대한 어떠한 믿음도 고백하지 않는 사람들이 인간의 삶 속 커다란 투쟁 가운데 기독교인들보다 더 실질적으로 하나님을 섬기고 있는 일이 흔히 일어날 수 있습니다. 그러한 사람들은 성경의 많은 구절들이 우리에게 가르치는 것처럼, 교회에 대한 하나님의 심판의 도구일 것입니다. 교회는 끊임없이 이러한 심판에 열려있어야 하고 민감해야 합니다.

그러나 성경적 의미에서의 개종은 단순히 어떤 프로그램으로의 개종이 아닙니다. 확실히 개종은 이 세상에서 하나님의 뜻을 행하는 헌신을 수반합니다. 그러나 단지 그것만은 아닙니다. 만약 그러하다면 우리는 복음이 아닌 율법을 지녀야 합니다. 개종은 이보다 더 근본적인 무엇입니다. 개종은 가능한 가장 깊은 개인의 정결, 사함, 화해, 그리고 새롭게 됨을 수반합니다. 이것은 자신과 자기 존재의 원천 사이에서 끊임없이 새로워지는 사랑의 인격적인 관계가 소외됨의 자리를 대체하는 것을 수반합니다. 그러나 이 복된 사실은 또한 유혹의 기회를 제공합니다. 이러한 측면에 대한 강조는 개종이 의미하는 바에 대한 다른 측면은 아주 배제되고 이러한 측면으로만 옮겨질 수 있어서, 세상 속에서 하나님의 일에 대한 헌신이 무언가 부차적인 것이 되어 버립니다. 개종을 '구원받는 것being saved'으로 생각하게 됩니다. 이 강조점은 구원받은 공동체 구성원의 특권으로 떨어집니다. 구원에 대한 성경적인 견해의 종말론적 차원이 시야 밖으로 미끄러져 나갑니다. 사람들은 '구원받는 것'이 그리스도 안에서 만물이 통일될 때까지 완료되지 않을 하나님의 웅대한 구원 사역에 참여하는 자가 되어감을 의미한다는 것을 잊어버립니다. 그리고 이 문맥에서 볼 때, 교회가 단순히 영원한 형벌로부터 구조된 사람들의 배타적인 협회처럼 보이는 곳에서는, 다른 사람들도 구원받지 못하는 건 아닌지 여부에 대한 불안한 논의를 피할 수 없게 됩니다.

확실히 이 관점은 틀린 것입니다. 개종은 믿음으로 하나님의 통치를 미리 맛보고 이 통치에 참여하는 자가 되고 대리하는 자가 되기 위해 돌아서는 것을 의미합니다. 타당한 질문은 '구원을 받는 자가 적으니이까?' 하는 것이 아니라, '누가 하나님의 뜻을 행하고 있는가?' 하는 것입니다.

그리스도의 종결성에 대해 말하는 것은 본래 그리스도를 주로 받아들이지 않는 사람들의 운명에 대해 말하는 것이 아닙니다. 토론은 종종 그와 같이 진행됩니다. 그리스도의 종결성에 대해 말하는 것은, 동일한 헌신을 나누는 사람들의 교제 안에서 그리스도께 헌신하는 것이 창조세계 전체를 향한 하나님의 목적에 진정으로 참여하는 실마리라고 말하는 것입니다.

개종이 그 입구가 되는 특권들은 하나님의 은총에 대한 배타적인 주장이 아닙니다. 그 특권들은 하나님의 복된 계획을 수행하는 특별한 책임을 위해 선택된 특권입니다. 그들의 기쁨은 자신들이 구원받았다는 기쁨이 아니라, 하나님의 이름이 거룩히 여김을 받고 하나님의 뜻이 이루어지며 하나님의 통치가 완벽해지는 것이 그들의 기쁨입니다. 성경에는 이 구원의 목적이 이를 깨닫고 있는 대리자들을 넘어서 확장될 것을 시사하는 많은 암시가 있습니다. 참으로 제자들에 대해 사용된 소금의 비유는 교회가 교인들의 경계를 훨씬 넘어서 세상으로 확대되는 기능이 있음을 암시합니다.

교회가 전체를 대표하는 부분으로 기억되지 않는다면, 개종은 늘 잘못 이해될 것입니다. 하나님께서 누군가를 개종시키시는 것은 단지 구원 받은 자로 개종시키시는 것일 뿐만 아니라, 하나님의 전체 구원 계획에 대한 증표이자 도구로 개종시키시는 것입니다. 그러므로 이 개종의 개념에는 긴장이 수반됩니다. 세계교회협의회를 위해 준비된 논문에서 폴 로플러 박사가 이것을 잘 진술하였습니다. 로플러 박사는 이렇게 썼습니다. 개종은 '자신의 이익을 위해서가 아니라 모두의 구원을 위해서 어떤 헌신을 요구한다. 개종은 늘 이러한 이중적 차원을 가지고 있다. 즉 부르심으로서 모든 족속에게 말해지는 것, 잠재적인 것으로서 모든 사람의 운명에 관한 것이다. 그러나 지금 여기에서 실현된 것으로서, 교회 공동체로 들어가기 시작한 소수를 본보기로 선정한다. 개종과 관련된 유혹은, 개종을 구원받는 소수를 위한 것으로 지정해 둠으로써나, 아니면 어떤 한정된 형태의 약속도 인정하지 않는 보편구원론 속에 개종이 감추어지도록 함으로써, 매우 종말론적인 이 긴장을 회피해 온 것이다. 개종은 종말론적인 긴장을 낳는다. 이것은 그리스도 안에서 교회의 가시적이지만 제한되지는 않은 공동체적 존재에 개인적 헌신을 하는 확실한definite 부르심이라는 점에서 "이미"의 일부이다. 개종은 하나님과 인간 사이의 새로운 관계를 실제로 세운다. 그러나 이것의 성취는 만물의 완성을 통해서만 실현될 것이다. 개종은 이 길에서 사귐을 향한 헌신이다. 이것은 "아직"을 향해 살아간다.'³

19세기에는 이 긴장의 한쪽 측면을 강조했습니다. 이 때는 개인적 헌신을 하지 않았던 모든 사람은 영원히 지옥에 떨어졌다는 생각에 사로잡히는 경향이 있었습니다. 선교 사역은 그 끔찍한 사태를 저지하는 영웅적인 투쟁이었습니다. 우리의 시대는 긴장의 다른 측면을 지나치게 강조하는 위험에 빠져서, 일반적인 보편구원론 속에서 개인적 헌신으로의 부르심에 대한 모든 의미를 상실하고 있습니다. 저는 오늘날 널리 퍼진 견해로 보이는 것, 다시 말해 소수를 잃어버린다는 생각은 괜찮은 반면, 인류 대다수를 잃어버린 다는 생각은 견딜 수 없다는 견해를 지지하는 내용을 신약성경 어디에서도 찾을 수 없습니다. 예수님의 비유에 따르면 이것은 확실히 하나님의 산수가 아닙니다. 유일한 개인을 돌보시는 분, 마지막까지 가장 작은 자까지, 그분이 하나님이십니다. 저는 신약성경에서 다수에 의해 흔들리시거나, 거대한 대표단에 의해서 위축되시는 어떤 하나님을 발견하지 못했습니다. 저는 기독교로 개종하는 힌두교인이나 무슬림들이 거의 없기 때문에, 개종에 대한 생각이 단념되어야 한다는 버외 박사의 관점에 대한 신약성경의 근거를 발견하지 못했습니다.

우리에게는 최후의 심판을 예측하는 것이 허용되지 않았습니다. 우리는 모든 것을 알지는 못합니다. 우리는 조금 밖에 알지 못하지만, 그것으로 충분합니다. 하나님의 부르심은 모든 사람들에게 전달됩니다. 하지만 개종하는 사람은 소수입니다. 그 소수의 사람들은 자기 자신들을 위해서가 아니라 하나님의 뜻을 행하는 목적을 위해서 하나님의 구원 목적에 대한 증인으로, 표지로, 대리인으로 선택됩니다. 만약 그들이 이것을 잊는다면, 그들 자신들은 버림받을 것입니다.

예수 그리스도의 종결성을 주장하는 것은 인류 대다수가 어느 날 기독교인이 된다고 주장하거나, 아니면 다른 모든 사람들이 지옥에 떨어질 것이라고 주장하는 것이 아닙니다. 이것은 예수 그리스도께 헌신하는 것이 지은 바 된 모든 것을 향한 궁극적인 목적에 사람들이 진정으로 부합될become aligned 수 있는 길이라고 주장하는 것입니다. 이것을 믿는 교회는 모든 세대, 모든 사람들에게 자신 있게 이 부르심을 전하는 것을 두려워하지 않을 것입니다. 이 부르심은 예수 그리스도께 받은 것입니다. "나를 따르라."

주, 참고문헌

01 서문

1. Despatch, 25th May 1798, 51, 52, (public). Quoted in F. Penny, *The Church in Madras*, Vol. I (London, 1904), p. 419.
2. Paul Tillich, *Chrstianity and the Encounter of the World Religions* (New York, 1963), p. 97. 『기독교와 세계 종교』(대한기독교서회, 1969).
3. 물론 예수라는 이름에서 그리스도라는 이름을 떼어 놓지 않는 한, 어떤 작가들이 그렇듯이, 그것을 나사렛 예수와 동일시되지 않는 존재를 지칭하는 데 사용했다.
4. A. C. Bouquet, *Comparative Religion* (London: Cassell & Co., Ltd, 1961), pp. 306, 299, 298.
5. G. van der Leeuw, *Religion in Essence and Manifestation* (ET, London: George Allen and Unwin, 1938), chapter 100, paragraph 1.

02 여러 종교 중 기독교

1. J. N. Farquhar, *The Crown of Hinduism* (London: Oxford University Press, 1913), pp. 457-8.
2. 파커(Farquhar)의 입장에 대한 호그(Hogg)의 비판에 대한 자세한 설명에 대해서는 다음 책을 볼 것: Eric J. Sharpe, *Not to Destroy but to Fulfil* (Uppsala, 1965), pp. 288-92.
3. H. Kraemer, *The Christian Message in a Non-Christian World* (London: James Clarke, 1938). 『기독교 선교와 타종교』(기독교문서선교회, 1993), 「비(非)그리스도교 세상에서의 그리스도교의 메시지」『에큐메니칼 운동』(한들출판사, 2003)
4. H. Kraemer, *Religion and the Christian Faith* (London: Lutterworth Press, 1956), pp. 226 f.
5. *The Authority of the Faith* (Tambaram Series, Vol. 1) (International Missionary Conference, 1939), pp. 123 f.
6. R. Panikkar, *The Unknown Christ of Hinduism* (London: Darton, Longman and Todd, 1965).

03 세속적인 소식으로서의 복음

1. Jürgen Moltmann, *Theology of Hope* (London: SCM Press and New York: Harper and Row, 1967), p. 241. 『희망의 신학』(현대사상사, 1973; 대한기독교서회, 1979)

04 역사의 실마리

1. Tillich, *Christianity and the Encounter of the World Religions*, p. 58.
2. *Ibid.*, p. 74.
3. Alan Richardson.
4. *Ecumenical Review* XVIII (1) (1966), pp. 1-26.
   (pp. 1-20은 H. H. Wolf 박사의 CHRIST AT WORK IN HISTORY : In the light of the "Barmen Declaration of 1934" of the confessing Church of Germany이며, pp. 20-26은 M. M. Thomas의 코멘트로 구성되어 있다. - 편집자 첨언)

05 개종

1. E. Castro, 'Conversion & Social Transformation', in: *Christian Social Ethics in a Changing World* (London and New York, 1966), pp. 356-7.
2. Kai Baago, 'The Post-Colonial Crisis of Missions', *International Review of Missions*, LV, No. 219, 1966, pp. 331-2.
3. *Study Encounter*, Vol. I, No. 2, pp. 98-99.

* * *

위의 주註에 포함되지 않은 참고 문헌

A. T. van Leeuwen, *Christianity in World History* (London: Edinburgh House Press, 1964)

L. Newbigin, *Honest Religion for Secular Man* (London: SCM Press and Philadelphia: Westminster Press, 1966)

E. J. Sharpe, *Not to Destroy but to Fulfil* (Uppsala, 1965)

* * *

다음의 책들은 여기서 논의한 문제들과 직접적으로 연관되어 있으나, 이 글에서 논의하기에는 너무 늦게 발간되었다.

W. Pannenberg, *Jesus - God and Man* (London: SCM Press and Philadelphia: Westminster Press, 1968)

M. M. Thomas, *The Acknowledged Christ of the Indian Renaissance* (London: SCM Press, 1969)

찾아보기

노빌리(Nobili, R., di) 111

다윈(Darwin, C.) 58
뒤르켐(Durkheim, E.) 16

레우(Leeuw, G. van der) 20, 21
로플러(Löefler, P) 5, 119

마르크스(Marx, K.) 58
   마르크스주의(자) 47, 49
맥니콜(Macnicol, N.) 69, 71, 73
맥머리(Macmurray, J.) 32, 34, 47
몰트만(Moltmann, J.) 6

바라나시 왕(Benares, King of) 16
바르멘 선언(Barmen Declaration) 89
바르트(Barth, K.) 34
바울(St. Paul) 62, 63, 105, 106, 107, 108, 109, 113, 114
버외(Baago, K.) 111, 112, 121
베단타(Vedanta, Vedantic) 19, 73
복음서 50, 62, 97, 102, 116
볼테르(Voltaire) 74
부케(Bouquet, A. C.) 19
불교(도) 11, 30, 49, 64, 71, 72, 83, 111, 112

사무엘(Samuel, V. C.) 5
세계교회협의회(WCC: World Council of Churches) 5, 98, 119
세계선교대회(World Missionary Conference) 22, 23, 29, 35
   에든버러(of Edinburgh) 23, 26, 29, 32, 35, 77
   예루살렘(of Jerusalem) 29, 31, 32, 33, 34, 35, 47, 52, 114
   탐바람(of Tambaram) 23, 35, 36, 43, 77, 78, 79
슐라이어마허(Schleiermacher, F.) 16

스피어(Spear, R. E.) 24, 25, 35
심슨(Simpson, C.) 80

안셀무스(Anselm) 45
앨런(Allen, R.) 109, 113, 114, 115
에클레시암 수암(*Ecclesiam Suam*) 46, 78
오만(Oman, J.) 16
오토(Otto, R.) 29, 47
울프(Wolf, H. H.) 87
유교 30
이슬람 30, 51, 64
   무슬림 11, 14, 94, 111, 121

카(Carr, E. H.) 56, 80
카맨(Carman, J. B.) 5
카스트로(Castro, E.) 99
칸트적(Kantian) 16
케네디(Kennedy, S.) 6
크래머(Kraemer, H.) 26, 31, 33, 36, 38, 39, 40, 41, 42, 43, 53, 61, 79

템플(Temple, W.) 32, 33
토마스(Thomas, M. M.) 87
트라덴둠(*tradendum*) 113, 114, 115
틸리히(Tillich, P.) 14, 18, 71

파커(Farquhar, J. N.) 28, 43, 46, 122
포이어바흐(Feuerbach, L.) 16
프로이트(Freud. S.) 58

헤겔주의적(Hegelian) 16
호그(Hogg, A. G.) 23, 28, 29, 36, 37, 38, 39, 40, 41, 42, 53, 55, 59, 79, 122
호킹(Hocking, W. E.) 66
후프트(t'Hooft, V.) 43
힌두교(인) 11, 14, 18, 27, 28, 29, 30, 43, 44, 45, 46, 47, 54, 56, 57, 64, 73, 79, 83, 93, 94, 95, 108, 111, 112, 116, 121

내비게이션

    이 책은 저자가 머리말에서 밝힌 바와 같이, 예일 대학과 케임브리지 대학 강좌에 초청받았을 때 했던 강연을 책으로 출간한 것입니다. 레슬리 뉴비긴이 이 주제를 택한 이유는, 세계교회협의회wcc를 중심으로 한 에큐메니컬 사상에 '종교 상호간'의 차원을 포함시켜 혼란스럽게 만드는 것이 못마땅하였기 때문이며, 뉴비긴은 교회 연합 운동의 정체성이 그리스도의 중심성과 종결성을 수용하는 데 달려 있다고 믿었고, 이러한 입장을 바꾸는 것은 이 운동의 합법적인 확장이 아니라 후퇴라고 생각했기 때문입니다.*

    우리나라 기독교의 맥락에서는 그리스도의 종결성을 고상하게 선포하면 그만일지 모르지만, 뉴비긴이 처한 상황에서는 그리스도의 종결성을 고집하는 것이 옛 시대의 맹목적이고 폭력적인 유물로 생각되고 있었습니다(세속적 맥락에서는 우리도 종결성을 말할 때 뉴비긴과 동일한 어려움이 있습니다). 그래서 단순하게 그리스도의 종결성을 강요하는 것으로 끝날 수 없으며, 종결성에 대한 제각기 다른 수많은 통찰들을 다루고, 분석하기 때문에 복잡성을 띨 수밖에 없습니다. 특히 그러한 통찰들이 서로 긴요하게 연결되고 맞물려 있기에 더욱 복잡합니다. 복잡한 논의 가운데 길을 잃기 쉽기 때문에, 아래와 같이 저자가 다루는 내용을 몇몇 문제로 간단히 요약하였습니다. 아래 문제에 대한 저자의 의견을 검토해 보고, 스스로 또는 다른 사람들과 더불어 답을 해보면 도움이 될 것입니다.

---

* 『아직 끝나지 않은 길』(복있는사람) pp. 452-453 참고

01 서문

(1) 그리스도의 종결성을 말하기 어렵게 만드는 요소들에는 어떤 것들이 있는가?

(2) 서구제국주의와 기독교의 관계는 어떠했으며, 왜 이로 인해 현재 기독교의 종결성을 말하기가 어려운가?

(3 종교다원주의를 주장하는 입장은 어떤 인식론적 오류를 범하고 있는가?

(4) 종교 연구에 있어서 우리가 취해야할 관점은 무엇이며, 그러한 관점은 어떤 면에서 정당성이 있는가?

02 여러 종교 중 기독교

(1) 예수께서 타종교를 성취하셨는가? 타종교의 고결한 요소들을 통해 그리스도께로 인도할 수 있는가?

(2) 타종교가 지닌 종교적 가치는 무엇인가?

(3) 기독교와 복음 사이에는 어떠한 구분이 있는가?

(4) 비기독교인의 종교적 경험과 그리스도 안에서 나타난 하나님의 계시는 어떠한 관계가 있는가?

(5) 타종교만으로도 구원의 수단이 될 수 있는가?

03 세속적인 소식으로서의 복음

(1) 복음은 단지 종교적인 소식인가? 그렇다면(그렇지 않다면) 이유는?

(2) 발생과 내용의 관계는 무엇인가? 이에 대해 힌두교에서 취하는 입장과 기독교의 입장에는 어떤 차이가 있는가?

(3) 복음과 복음 밖의 경험 사이에는 어떤 면에서 연속성이 있고, 어떤 면에서 불연속성이 있는가?

(4) 구원 받는다는 의미는 무엇인가?

04 역사의 실마리
(1) '바퀴'와 '길'이라는 상징을 통해 설명되는 종교의 커다란 분리는 무엇인가? 또한 이 상징들이 각각 역사에 대해 취하는 입장은 무엇인가?
(2) 왜 보편사를 기록함에 있어 실마리가 필요한가? 어떠한 실마리도 없이 사료를 하나의 보편사로 엮는 것이 가능한가?
(3) 왜 종결성을 주장함에 있어 기독교와 복음을 구별하는가? 기독교 없이도 그리스도의 종결성을 이야기할 수 있는가?
(4) 그리스도의 종결성을 역사의 실마리로 주장할 수 있는가? 이렇게 주장하기 어렵게 만드는 이유는 무엇인가? 이렇게 주장하는 것이 의미하는 바는 무엇인가?

05 개종
(1) 개종에 대한 이야기를 하기 어려운 이유는 무엇인가?
(2) 회심(개종)이 수반하는 것들은 무엇인가?
(3) 개종에 있어서 가시적인 공동체로 인도하는 것은 필수적인가? 이러한 인도가 의미하는 바와, 의미하지 않는 바는 무엇인가?
(4) 복음 전파에 있어서 본질적인 것과 부수적인 것은 무엇인가? 어떻게 이 둘을 나눌 수 있는가?
(5) 개종과 구원에 대해 성경이 말하는 바는 어디까지이며, 그 이상의 추론이 정당화될 수 있는가?

[저작권 알림]

* 성경전서 개역개정판 및 성경전서 새번역의 저작권은 재단법인 대한성서공회에 있습니다.
* 이 책에는 무료 서체인 바른바탕체 및 KoPub바탕체, Kopub돋움체, 함초롬바탕체가 사용되었습니다. 바른바탕체의 저작권은 문화체육관광부에 있으며, KoPub서체의 저작권은 문화체육관광부와 한국출판인회의에, 함초롬바탕체의 저작권은 한글과컴퓨터 있습니다.
* 도서출판100에서 출간하는 기독교 도서의 저작권은 기본적으로 CC BY-NC를 원칙으로 합니다. 그러나 (해외) 저작권자에게 사용료를 지불하는 내용에 대해서는 CC BY-NC를 적용하지 않습니다. 따라서 본 책의 본문(서문~인명색인)은 저작권법에 따라 보호됩니다.

종결자 그리스도

초판1쇄 인쇄 2017. 1. 17.
초판1쇄 발행 2017. 1. 20.
지은이 레슬리뉴비긴
옮긴이 도서출판100 번역팀
펴낸이 김지호
발행처 도서출판100
전 화 070-4078-6078
팩 스 050-4373-1873
이메일 100@100book.co.kr
홈페이지 www.100book.co.kr
페이스북 www.facebook.com/100PublishingHouse ☞
정 가 6,000원
ISBN 979-11-959986-0-9

이 도서의 국립중앙도서관 출판예정도서목록(CIP)은 서지정보유통지원시스템 홈페이지(http://seoji.nl.go.kr)와 국가자료공동목록시스템(http://www.nl.go.kr/kolisnet)에서 이용하실 수 있습니다.
(CIP제어번호: CIP2017001571)